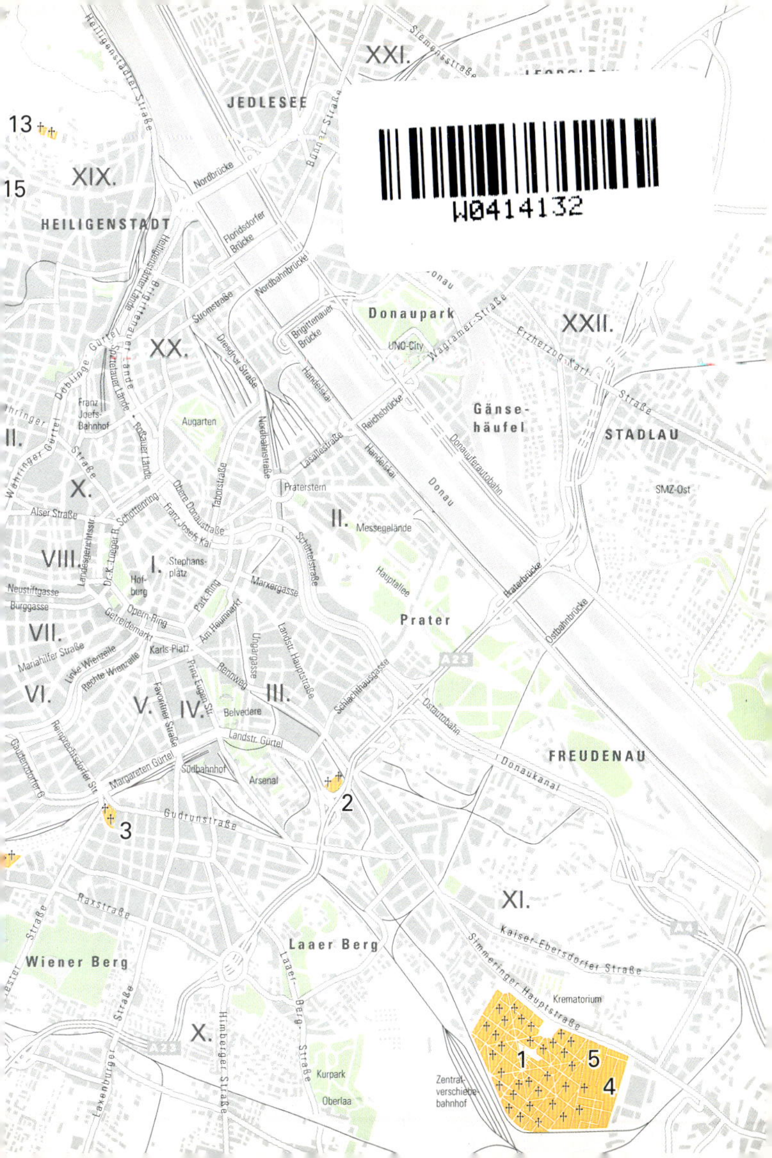

XXI.
Siemensstraße
JEDLESEE
Brünner Straße
13
15
XIX.
HEILIGENSTADT
Heiligenstädter Straße
Nordbrücke
Floridsdorfer Brücke
Nordbahnbrücke
Heiligenstädter Lände
Brigittenauer Lände
Stromstraße
Donau
Donaupark
UNO-City
Wagramer Straße
XXII.
Erzherzog-Karl-Straße
Brigittenauer Brücke
Handelskai
XX.
Döblinger Gürtel
Spittelauer Lände
Franz-Josefs-Bahnhof
Dresdner Straße
Augarten
Roßauer Lände
Reichsbrücke
Gänsehäufel
STADLAU
Währinger Gürtel
Währinger Straße
Nordbahnstraße
Lasallestraße
Donauuferautobahn
IX.
Taborstraße
Praterstern
SMZ-Ost
Alser Straße
Schottenring
Obere Donaustraße
Franz-Josefs-Kai
II.
Messegelände
VIII.
Landesgerichtsstr.
Dr.-K.-Lueger-R.
I.
Stephansplatz
Schüttelstraße
Hofburg
Neustiftgasse
Burggasse
Park-Ring
Marxergasse
Hauptallee
Praterbrücke
Opern-Ring
Getreidemarkt
Am Heumarkt
Prater
VII.
Mariahilfer Straße
Linke Wienzeile
Rechte Wienzeile
Karls-Platz
Ungargasse
Landstr. Hauptstraße
Ostbahnbrücke
A 23
Rennweg
Schlachthausgasse
VI.
V.
IV.
Prinz-Eugen-Str.
Favoritner Straße
III.
Belvedere
Ostautobahn
Reinprechtsdorfer Str.
Gaudenzdorfer G.
Landstr. Gürtel
FREUDENAU
Margareten Gürtel
Südbahnhof
Arsenal
Donaukanal
2
3
Gudrunstraße
XI.
Raxstraße
A 4
Kaiser-Ebersdorfer Straße
Laaer Berg
Wiener Berg
Simmeringer Hauptstraße
Krematorium
X.
Laaer-Berg-Straße
Himberger Straße
Laxenburger Straße
1
5
4
Kurpark
Oberlaa
Zentralverschiebebahnhof

DIE BERÜHMTEN
GRÄBER WIENS

Dass der Tod ein Wiener sein muss, ist mit diesem Buch zwar nicht bewiesen, unbestritten ist aber die ausgeprägte Friedhofskultur dieser Stadt. Die Liste der Ehrengräber auf dem Zentralfriedhof liest sich wie ein Register der bedeutendsten Persönlichkeiten des Landes. Aber auch die anderen Friedhöfe Wiens können mit allerlei Prominenz aufwarten. Von Wolfgang Amadeus Mozart über Egon Schiele bis zu Thomas Bernhard – sie alle haben hier ihre letzte Ruhe gefunden.

Mit detaillierten Beschreibungen zu dreißig ausgewählten Gräbern, einem ausführlichen Bildteil und einem Wegweiser durch die wichtigsten Wiener Friedhöfe bietet der vorliegende Band einen wertvollen Begleiter für jeden Friedhofs-Interessierten.

Band 1012

PERLEN-REIHE

Christopher Dietz

DIE BERÜHMTEN GRÄBER WIENS

Falco, Klimt, Kraus, Moser,
Mozart, Qualtinger, Schiele, Schubert,
Strauß u. v. a.

Fotos von Wolfgang Ilgner,
Sigrid Riedl-Hoffmann und Frank Thinius

Inhalt

Vorwort

Friedhofsbesuche sind die nützlichsten
sie dienen wie nichts der Belehrung
und der Beruhigung
nirgendwo sonst kann sich ein heute doch überall gestörter Kopf
konzentrieren

Thomas Bernhard, *Heldenplatz*

Der Tod hat sich in Wien scheinbar immer recht heimisch gefühlt. Die meisten Wiener G'schichten, Märchen und Mythen haben mehr oder weniger direkt mit ihm zu tun, ob er nun im Gewand der Pest, die Wien mehrmals und auf verheerende Weise heimsuchte, auftritt, oder, wie im berühmten Wienerlied „Es wird a Wein sein ...", dann doch, zumindest gegen Bacchus, den Kürzeren zieht. Der Liebe Augustin, der sagenumwobene Wiener Spielmann, der im Suff in eine Pestgrube fiel und am folgenden Morgen zwar verkatert, aber ansonsten unversehrt spottlustig aus dem Loch stieg, ist zum Urvater des „echten Wieners" geworden, der, so will es das Sprichwort, „nicht untergeht".

Wien ist einer der Orte – aber beileibe nicht der einzige –, dem man ein besonderes Naheverhältnis zum „Gevatter Tod" nachsagt. Das kann bis zum Klischee gehen, wird aber auch immer wieder im Alltag greifbar, und sei es nur im Bestattungsritual der Burgtheatermitglieder, deren Sarg mit allem Pomp um die heiligen Hallen des Burgtheaters getragen wird, bevor man ihn in der Erde versenkt. Skeptikern sei ein Besuch des Zentralfriedhofes zu Allerheiligen empfohlen, wenn ganz Wien seiner „lieben Toten" gedenkt.

Mag auch sein, dass der Tod als „Gleichmacher" seit der Zeit der Monarchie (und die ist so lange noch nicht vorbei) besondere Sympathie in der Bevölkerung genießt. Das „Anklopfritual" bei den Begräbnissen der Habsburger spräche immerhin dafür: Der kaiserliche Sarg musste vor der Kapuzinerkirche, der traditionellen Begräbnisstätte der Habsburger, Einlass begehren. Auf das Anklopfen des Zeremonienmeisters folgte von drinnen die Frage, wer da sei, worauf die minutenlange Nennung des kaiserlichen Titels folgte. Der Bescheid von drinnen lautete: „Ignosco" („Kenne ich nicht"). Der zweite Versuch fiel dann etwas kürzer aus, bis es schließlich beim dritten Mal hieß: „Ein armer Sünder". Und das sind wir schließlich alle.

Wien ist wahrhaftig eine Stadt, die dem Friedhofsbesucher nichts zu wünschen übrig lässt. 46 belegbare Friedhöfe gibt es in ihr, die aufgelassenen und in Parkanlagen umgewandelten nicht einmal mitgerechnet. Im Laufe der letzten 150 Jahre sind die Bestattungsareale aus dem Zentrum der Stadt abgewandert in die Außenbezirke, und dort liegen sie nun, auf den grünen Anhöhen des Wienerwaldes, oder, wie der Zentralfriedhof, im flachen Süden der Stadt. Letzterer, die Totenstadt Wiens, steht naturgemäß im Zentrum dieses Buches.

Der von Wolfgang Ambros besungene Zentralfriedhof hat seine „ersten hundert Jahr" schon lange hinter sich. Seit 1874 werden die Toten Wiens zu einem guten Teil auf dem mehr als zwei Quadratkilometer großen Areal in Simmering, dem XI. Wiener Gemeindebezirk, beigesetzt.

Nachdem man sich nach langen Querelen auf diesen Ort geeinigt hatte, traten bald die nächsten Komplikationen auf: Der interkonfessionelle Charakter, der dem Friedhof eignen sollte, rief bei den verschiedenen Glaubensrichtungen hitzige Streitereien hervor, insbesondere, was die Einweihungsfeierlichkeiten betraf. Die Lösung war dann eine typisch österreichische: In aller Frühe weihte Kardinal Rauscher am 30. Oktober 1874, von der Öffentlichkeit nahezu unbemerkt, den nach Plänen der Frankfurter Architekten Bluntschli und Mylius errichteten Zentralfriedhof ein.

Doch die sprichwörtliche Liebe der Wiener zu ihren Toten wollte sich nicht so recht einstellen. Aufgrund seines anonymen Charakters und der trotz allem weiten Entfernung blieben die „Besucher" aus, bis man sich entschloss, alles, was Rang und Namen hatte, in eigens dafür geschaffene Ehrengräber zu überführen. Heute hat der Zentralfriedhof ca. 3 Millionen „Bewohner" und zählt zu den größten Friedhöfen Europas. Seinen Mittelpunkt bildet die von Max Hegele erbaute Lueger-Gedächtniskirche.

Doch der Zentralfriedhof ist nicht der einzige Friedhof, der einen Besuch lohnt. Auf die Schließung der „kommunalen Leichenhöfe" Kaiser Josephs II. folgte die Errichtung der neuen Friedhöfe in den Vorstädten. Nur der St. Marxer Friedhof, ein nahezu intakter Biedermeierfriedhof, hat „überlebt". Zahlreiche Friedhöfe säumen nun den Rand der Stadt, wo Wien in den Wienerwald übergeht; der Grinzinger, der Hietzinger oder der verwunschene Kahlenberger Friedhof seien nur stellvertretend genannt.

Eine eigene Geschichte ist die der jüdischen Friedhöfe Wiens. Sie alle mussten in der Zeit des Nationalsozialismus (und nicht nur dann) Schändungen hinnehmen; noch heute sind die meisten von ihnen in einem bedauernswerten Zustand. Ein Gang etwa über die Israelitische Abteilung des Zentralfriedhofs macht dem Besucher den Verlust, den das Land durch die Vertreibung und Ermordung der Wiener Juden erlitten hat, auf schmerzhafte Weise bewusst. Viele Vertreter der jüdischen Intelligenz sind auf nicht-jüdischen Friedhöfen begraben, weil sie konvertieren mussten oder wollten, die Mehrzahl aber hat im Ausland, in Argentinien, den USA oder Palästina eine letzte Ruhestätte gefunden. Auf den Gräbern hier in Wien stehen heute oftmals unbekannte Namen, die doch zu ihrer Zeit eine bedeutende Rolle gespielt haben.

Dieses schmale Büchlein kann selbstverständlich nur eine Auswahl präsentieren. Aus der Not soll also eine Tugend werden: Die Subjektivität der Auswahl wurde gewissermaßen auf die Spitze getrieben, indem der auf das Wesentliche beschränkten Übersicht im zweiten Teil eine Auswahl von dreißig berühmten – in jedem Fall aber bemerkenswerten – Wiener Gräbern vorangestellt wurde; in der Hoffnung, dass dieser Ausschnitt dazu geeignet ist, ein repräsentatives Schlaglicht auf das Leben und Sterben berühmter Menschen in Wien zu werfen.

Der Verfasser dankt den freundlichen Damen und Herren von der MA 43-Städtische Friedhofsverwaltung für wertvolle Hinweise.

Peter Altenberg

eigtl. Richard Engländer, *9. 3. 1859 Wien, † 8. 1. 1919 ebd.
Zentralfriedhof, Ehrengräber Gruppe 0, Reihe 1, Nr. 84

Er liebte und sah

Im Jahr 1883 änderten sich die äußeren Lebensumstände des zum Müßiggang neigenden Kaufmannssohnes Richard Engländer von Grund auf: Ein Arzt attestierte ihm „Überempfindlichkeit des Nervensystems" und „Berufsunfähigkeit", woraufhin der besorgte Vater von seinen Forderungen nach einer fundierten Ausbildung Abstand nehmen musste.

Der junge Richard verwarf seine glücklosen Studien und begann als Peter Altenberg sein unstetes Leben als Prototyp der Wiener Kaffeehausliteraten. Noch bevor er eine Zeile veröffentlicht hatte, war der stets exzentrisch gekleidete Flaneur stadtbekannt. Anzutreffen war er meist im „Café Central" oder im Straßencafé am Graben, und dort sammelte er seine Eindrücke: Damen von Welt, Vorstadtmädchen, Zahlkellner, Fiaker, kurz alles, was ihm vor das wache Auge kam. Seine Wahrnehmungen verdichtete er zu seinen unverwechselbar prägnanten Prosastücken. „Extrakte des Lebens" hat er sie einmal genannt; in komprimierter Form sollten sie, gleich einem Suppenwürfel – dem Altenberg, wie auch dem „Catsup", höchste Begeisterung entgegenbrachte – erst im kochenden Wasser, sprich im Geiste des Lesers, ihre volle Wirkung entfalten. Mit seinem Vorbild Charles Baudelaire teilte Altenberg die Begeisterung für das Flüchtige, den Eindruck aus dem Augenwinkel.

Entdeckt wurde Altenberg von ➤ Arthur Schnitzler, der dafür sorgte, dass sein erstes Werk, *Wie ich es sehe*, 1896 im renommierten S. Fischer Verlag publiziert wurde. Nebenbei verkaufte Altenberg mit amtlichem Hausiererschein seine patentierten Halsketten, schrieb Kabarett- und Varietékritiken und setzte sich für benachteiligte Mitmenschen ein.

Peter Altenberg, der „Narr von Wien", starb am 8. Januar 1919 an den Folgen einer Lungenentzündung. Sein Ehrengrab wurde von seinem Freund und Förderer ➤ Adolf Loos gestaltet; die Inschrift lautet: „Er liebte und sah." Wer heute die Loos-Bar bei der Kärntner Straße betritt, sieht dort in der Ecke ein Porträt des Dichters, der aus den Augenwinkeln in den kleinen Raum blickt.

Foto Seite 41

Ludwig van Beethoven

* 17. 12. 1770 Bonn (Taufe), † 26. 3. 1827 Wien

Zentralfriedhof, Ehrengräber Gruppe 32 A, Nr. 29

Nur sie, die Kunst, hielt mich zurück

Mit seinem „Heiligenstädter Testament", einem nie abgeschickten Brief an seinen Bruder, schrieb sich Ludwig van Beethoven am 6. Oktober 1802 endgültig in den Olymp der Genies ein. Seit bereits sieben Jahren plagte den Komponisten ein schweres Ohrenleiden, das ab 1808 zur Schwerhörigkeit und ab etwa 1818 zur völligen Ertaubung führte. Allein das Sendungsbewusstsein, alles zu tun, was in seinem Vermögen stand, „um in die Reihe würdiger Künstler und Menschen aufgenommen zu werden", ließ ihn nicht verzweifeln und an seinem künstlerischen Auftrag festhalten. Mit diesem ethischen Kunstideal wird Beethoven zum Urbild des Genies, wie es das 19. Jahrhundert geformt hat.

Beethovens Wirkung auf die kulturellen Strömungen seiner Nachwelt war enorm. Goethe hielt fest, noch nie einen Künstler „zusammengefasster, energischer, inniger" gesehen zu haben. Die „edle einsiedlerische Resignation", die Friedrich Nietzsche in ihm verkörpert fand, und der Triumph des Geistes über den „blinden Willen", den Arthur Schopenhauer in einer Welt des Leids walten sah, wurden zum Inbegriff der genialen Existenz. ➤ Otto Weininger, der umstrittene Autor des Buches *Geschlecht und Charakter*, das nicht zuletzt eine gewaltige – und gewaltsame – Verteidigung des Genies darstellt, ging sogar so weit, Beethovens Sterbehaus zum Ort seines Freitodes zu wählen.

Als der „Titan" am 26. März 1827 starb, trauerte ganz Wien. ➤ Franz Schubert, Carl Czerny und ➤ Franz Grillparzer, von dem auch die Grabrede stammte, waren unter den Fackelträgern, Ignaz Franz Castelli, Nikolaus Lenau und viele andere Künstler gaben dem Komponisten gemeinsam mit zwanzigtausend Menschen das letzte Geleit auf den Währinger Ortsfriedhof.

Nach dessen Auflassung wurden Beethovens sterbliche Überreste 1888 – gemeinsam mit denen ➤ Franz Schuberts – auf den Zentralfriedhof überführt. Der Obelisk mit der goldenen Leier wurde dem ursprünglichen Grabstein auf dem Währinger Friedhof nachgebildet.

Foto Seite 42

Alban Berg

* 9. 2. 1885 Wien , † 24. 12. 1935 ebd.
Friedhof Hietzing, Gruppe 49, Nr. 24 F

Bis an mein Lebensende Schüler

Bereits als Jugendlicher versuchte sich der einer Familie des gehobenen Bürgertums entstammende Alban Maria Johannes in der Komposition von Liedern, wie er sie wohl nicht selten bei Hausmusikabenden vernehmen durfte.

Erst 1904 stieß Berg durch Vermittlung seines Bruders auf seinen späteren lebenslangen Freund und Lehrer ➤ Arnold Schönberg. Zu den Schülern der ersten Generation zählte außerdem Anton von Webern, der gemeinsam mit Schönberg und Berg zu den Hauptvertretern der sogenannten „Wiener Schule" werden sollte.

In einem Album, das die Schüler 1924 ihrem Meister zum 50. Geburtstag verehrten, schrieb Berg: „Herbst 1904 Beginn des Unterrichts und von da ab bis zu meiner Verheiratung im Mai 1911 und darüber hinaus bis an mein Lebensende Schüler Arnold Schönbergs."

Als Berg 1910 das Schüler-Lehrer-Verhältnis beendete, konnte er bereits auf 140 vorwiegend spätromantische Lieder zurückblicken. In seinem ersten Orchesterwerk, den *Fünf Orchesterliedern* op. 4 für Sopran (1912), erweist sich Berg als Kenner der literarischen Szene seiner Tage: Er vertont in ihnen Ansichtskartentexte von ➤ Peter Altenberg, dem Meister der kleinen Form.

Seine Oper *Wozzeck*, die – dem Dramenfragment Georg Büchners folgend – zwischen 1917 und 1921 entstand und in die Alban Berg seine Erfahrungen als Soldat im Ersten Weltkrieg einfließen ließ, wurde zur erfolgreichsten Oper der Neuen Musik. Zu Bergs letzter Schaffensperiode zählt u. a. das berühmte Violinkonzert, das als die vollendete Synthese von Tradition und Zwölftontechnik gilt. Gewidmet ist es dem „Andenken eines Engels", der 18jährig verstorbenen Manon Gropius, Tochter ➤ Alma Mahlers mit dem Architekten Walter Gropius.

Alban Berg starb am Heiligen Abend des Jahres 1935. Wenig später schon diffamierten die Nazis sein Werk als „entartet". Auf seinem Grab steht ein einfaches Holzkreuz.

Foto Seite 43

Thomas Bernhard

* 9. 2. 1931 Heerlen, NL, † 12. 2. 1989 Gmunden

Friedhof Grinzing, Gruppe 21, Reihe 6, Nr. 1

Man muss aufpassen, dass man nicht länger lebt, als man dazu fähig ist

Am Donnerstag, dem 16. Februar 1989, wurde in den frühen Morgenstunden einer der umstrittensten und bedeutendsten deutschsprachigen Schriftsteller in aller Stille auf dem Grinzinger Friedhof beigesetzt. Anwesend waren drei Angehörige, die Männer vom Bestattungsunternehmen sowie einige fremde Herren.

Der Tod stand von Beginn an im Zentrum von Thomas Bernhards Schaffen und Denken. Beginnend mit *Frost* (1963) zieht sich durch seine Romane die Gestalt des über und gegen den Tod monologisierenden „Geistesmenschen": Der Mensch „verlässt den Kerker, in den er hineingezeugt und hineingeboren worden ist, nur im Augenblick seines Todes".

Den Kerker, in den er selbst hineingeboren war, versuchte sich Bernhard in seinen autobiographischen Werken *Die Ursache, Der Keller, Der Atem, Die Kälte, Ein Kind* vom Leibe zu schreiben. Ergänzend zu seinen Romanen entwerfen die fünf schmalen Bände einmal mehr das Bernhardsche Pandämonium von Schmerz, Krankheit und der „nationalsozialistisch-katholischen" Beschaffenheit Österreichs, dem „menschenumbringendsten" aller Länder.

„Übertreibungskünstler" hat man ihn genannt, „Unterganghofer" und „negativer Staatsdichter". Mit *Heldenplatz* (Premiere 1988 am Wiener Burgtheater) beschworen Bernhard und sein Leibregisseur Claus Peymann einen der handfestesten Skandale der Zweiten Republik herauf. Es folgten die bis heute anhaltenden Schmähungen als „Nestbeschmutzer", die – unter anderem – Bernhard zu seinem letzten großen Coup bewogen haben dürften: Sein Testament verbietet Aufführungen und Druck seiner Werke innerhalb der österreichischen Staatsgrenzen. Seit 1998, dem Jahr der Gründung der Thomas-Bernhard-Gesellschaft, wird die Verfügung jedoch nicht mehr aufrechterhalten.

Auf eigenen Wunsch wurde Thomas Bernhard im schlichten Familiengrab seines „Lebensmenschen" Hedwig Stavianicek beigesetzt.

Foto Seite 44

Johannes Brahms

* 7. 5. 1833 Hamburg, † 3. 4. 1897 Wien
Zentralfriedhof, Ehrengräber Gruppe 32 A, Nr. 26

Das Leben raubt einem mehr als der Tod

Das Leben des „Vollenders der Wiener Klassik", als den man den Norddeutschen Brahms im allgemeinen ansieht, war in vielerlei Hinsicht von Verzicht und Verlust überschattet. Johannes Brahms stammte aus kleinbürgerlichen Verhältnissen und galt bald als „pianistisches Wunderkind". 1862 kam er erstmals nach Wien, dem Ort, der ab 1878 seine zweite Heimat werden sollte.

Die hohe Begabung, die sich bei Brahms bereits in jungen Jahren zeigte, sorgte in Verbindung mit einem von häufigen Schicksalsschlägen gezeichneten Leben für das zeitlebens resignative und düstere Naturell des Komponisten. 1853 war er erstmals mit Robert und Clara Schumann zusammengetroffen. So befruchtend und einzigartig die darauf folgende Freundschaft gewesen sein mag, so viele Enttäuschungen hielt sie für den jungen Brahms bereit: Seit 1854 war er Zeuge von Schumanns fortschreitender Gemütskrankheit, die schließlich im geistigen Zusammenbruch und Tod gipfelte. Clara Schumann, eine der faszinierendsten Frauengestalten des 19. Jahrhunderts, hatte er lange schon verehrt und zuletzt leidenschaftlich, aber ohne Erfüllung geliebt. Dieser Verzicht prägte ihn für den Rest seines Lebens.

Das *Deutsche Requiem* op. 45, als dessen Nährboden diese Erlebnisse wohl gelten können, ist demgemäß auch weniger eine Totenmesse als vielmehr eine Trauermusik: „Was den Titel betrifft, will ich bekennen, dass ich recht gern das ‚Deutsch' fortließe und einfach den ‚Menschen' setzte" (an Karl M. Reinthaler). So steht denn auch der Trost an zentraler Stelle: „Ihr habt nun Traurigkeit; / aber ich will euch wiedersehen, / und euer Herz soll sich freuen ..."

Als Johannes Brahms am 3. April 1897 63jährig stirbt, ist ihm ein Ehrengrab auf dem Zentralfriedhof in unmittelbarer Nähe seines Freundes Johann Strauß Sohn und seines Vorbildes Beethoven gewiss. Das Grabmal von Ilse Conrat zeigt die Büste des Komponisten über einer Partitur, umgeben von Musen.

Foto Seite 45

Heimito von Doderer

* 5. 9. 1896 Weidlingau bei Wien, † 23. 12. 1966 Wien

Friedhof Grinzing, Gruppe 10, Reihe 2, Nr. 1

Der Tod desavouiert unsern Kram

Die Beerdigung Heimito von Doderers am 2. Januar 1967 „ ... glich einem Staatsbegräbnis ... Noch nie war ein Dichter so feierlich zur letzten Ruhe geleitet worden" (Hilde Spiel).

Zum Zeitpunkt seines Todes war Heimito von Doderer zum wichtigsten österreichischen Romancier der Nachkriegszeit avanciert. Mehrere Male wurde er als Kandidat für den Nobelpreis gehandelt, doch seine einstige NSDAP-Mitgliedschaft bewog das Komitee dazu, den Preis anderweitig zu vergeben.

Der eigentliche Durchbruch war Doderer erst 1951 mit der *Strudlhofstiege* gelungen. Das Buch schien einen Nerv getroffen zu haben: In die Verwirrung der Nachkriegszeit hinein stellte ein Autor, der die Auflösung der Donaumonarchie und die beiden Weltkriege am eigenen Leib erfahren hatte, ein Epos, in dem viele den Entwurf einer Kontinuität der österreichischen Identität sehen wollten: Vor dem Leser breitet sich ein schillernder Kosmos des Wiener Privatlebens zwischen 1910 und 1925 aus; es geht um vieles und doch eigentlich wieder um nichts. Beinahe wie Marcel Proust scheint sich hier ein Autor auf die „Suche nach der verlorenen Zeit" gemacht zu haben – was ihm von Seiten vieler Kritiker den Vorwurf der Rückwärtsgewandtheit eingebracht hat.

Die Entscheidung für ein Leben als Schriftsteller ist ihm nicht leicht gefallen, galt es doch den Widerstand des bürgerlichen Elternhauses und die eigene Unsicherheit zu überwinden. Vieles davon spiegelte sich in der Selbststilisierung Doderers zum Humanisten und Schriftsteller und den vielen alltäglichen Eigenheiten, die „den Doderer" zum stadtbekannten Original machten.

Freundschaft verband ihn u. a. mit Albert Paris Gütersloh und ➤ Helmut Qualtinger; für die „Wiener Gruppe", einen Kreis experimenteller Schriftsteller, setzte er sich nachdrücklich ein.

Doderers ehrgeizigstes Projekt, die Tetralogie *Roman N° 7,* blieb unvollendet, ihr zweiter Teil, *Der Grenzwald*, Fragment.

Foto Seite 46

Falco

eigtl. Hans Hölzel, * 19. 2. 1956 Wien, † 6. 2. 1998 Puerto Plata
Zentralfriedhof Gruppe 40, Nr. 64

It's all over now, baby blue

Am Freitag, dem 6. Februar 1998, rammt ein Autobus bei Puerto Plata in der Dominikanischen Republik Hans Hölzels Wagen. Falco ist sofort tot.

Augenblicklich betreiben die Medien die Verklärung des toten Stars: Falco sei gestorben wie James Dean, allein in seinem Auto, den Höhepunkt seiner Karriere noch vor sich – alle Begleitumstände haben das Zeug zur Mythenbildung. Zweifelhafte toxikologische Gutachten sprechen von Kokain, Marihuana und 1,5 Promille Blutalkohol. Wie es um die Wahrheit dieser Annahmen bestellt ist, bleibt bis heute ungeklärt.

Wahr ist, dass Hans Hölzel alias Falco der erste, größte und vielleicht einzige Popstar ist, den Österreich hervorgebracht hat. Lange vor seinem weltweiten Erfolg mit *Rock me Amadeus* (1986) hatte Falco in der „Hallucination Company" Wickerl Adams und mit Stefan Webers „Drahdiwaberl" für Furore gesorgt. Der Solodurchbruch kam mit *Ganz Wien*, einem sehr expliziten Drogen-Song auf der Drahdiwaberl-LP *Psychoterror* (1980). *Der Kommissar* (auf *Einzelhaft*, 1982) revolutionierte dann – zumindest in Österreich – das Pop-Verständnis einer ganzen Generation. Die unerhörte Coolness des Songs bescherte Falco einen Erfolg sondergleichen – und zusätzlich den Ruf als erster Rapper deutscher Zunge.

Der weitere Weg Hans Hölzels ist bekannt, denn von nun an gilt er als die Ikone des Austro-Pop. Ein Hit folgt auf den anderen, ihnen auf dem Fuße die Drogen, die sogenannten falschen Freunde und alle Schattenseiten des kommerziellen Ruhms. Die Kunstfigur Falco, deren Konzeption und Vermarktung Hans Hölzels eigentliche und anhaltende Leistung ist, beginnt zu bröckeln. Als Falco stirbt, ist das Konstrukt perfekt und der Mythos geboren.

Rund zehntausend Menschen geben Hans Hölzel das letzte Geleit. Die Trauerfeierlichkeiten werden begleitet von Bob Dylans Song *It's all over now, baby blue*, dem Lieblingslied des Verstorbenen. Ein monströses Grabmal markiert seine letzte Ruhestätte.

Foto Seite 48, 49

Franz Grillparzer

* 15. 1. 1791 Wien, † 21. 1. 1872 ebd.
Friedhof Hietzing, Gruppe 13, Nr. 107

Und kein Wachen als im Schlafe, Wenn du einst im Grabe ruhst

Die Schriftstellerkarriere des Beamten Franz Grillparzer schien unter einem günstigen Stern zu stehen, als im Jahre 1817 sein Bühnenerstling *Die Ahnfrau* bei der Uraufführung im Hofburgtheater vom Publikum mit Begeisterung aufgenommen wurde. Der enorme Erfolg des Stückes brachte ihm schon 1818 die von allen Dramatikern heiß begehrte Stellung als Burgtheater-Dichter ein.

Doch der Selbstzweifel und die Unzufriedenheit, die von jeher zu seinem Naturell gehört hatten, ließen Grillparzer nicht glücklich werden. Die Metternichsche Zensur und die geistige Enge des Biedermeier machten ihm – wie allen seinen Kollegen – schwer zu schaffen. Erst auf allerhöchste Intervention konnte sein Stück *König Ottokars Glück und Ende* 1825 aufgeführt werden. Als *Weh dem, der lügt* 1838 beim Publikum durchfiel, erwog Grillparzer ernsthaft, sich aus dem literarischen Leben zurückzuziehen. Auch das Privatleben hielt nicht allzuviel Erfreuliches für ihn bereit: Unerfüllte Liebe kennzeichnet seine Beziehungen zu den Frauen. Katharina („Kathi") Fröhlich, die er bereits 1820 kennen gelernt hatte, konnte er sich nicht entschließen zu heiraten, da er sich für die Ehe nicht geeignet hielt. Sie ging als „ewige Braut" und Nachlassverwalterin des Dichters in die Literaturgeschichte ein.

1848 riss ihn die Revolution für kurze Zeit aus seiner Verstimmung, um ihn dann umso enttäuschter zurückzulassen. Sein Alterswerk, dessen Vernichtung er testamentarisch anordnete, schuf er als zurückgezogener und desillusionierter „Zimmerherr" bei den Schwestern Fröhlich.

Als Grillparzer am 21. Januar 1872 starb, war die Trauer groß. Österreich verlor an ihm den neben Hebbel und Kleist bedeutendsten Dramatiker des 19. Jahrhunderts. Der Dichter wurde unter großen Feierlichkeiten auf dem Währinger Ortsfriedhof beigesetzt und später auf den Hietzinger Friedhof überführt. Sein Alterswerk, die Dramen *Ein Bruderzwist in Habsburg, Die Jüdin von Toledo* und *Libussa,* blieb der Nachwelt erhalten.

Foto Seite 47

Theodor Herzl

* 2. 5. 1860 Budapest, † 3. 7. 1904 Edlach
Friedhof Döbling, Gruppe I1, Reihe G 2, Nr. 30

Wenn Ihr wollt, ist es kein Märchen

„Da komm' ich einmal hinein!", sagte der 23jährige Theodor Herzl einmal zu seinem Schulkollegen ➤ Arthur Schnitzler, als sie beide vor dem Burgtheater standen. Herzl war zu diesem Zeitpunkt ein von seinen Freunden beneideter Dandy mit vielseitigen Begabungen, dessen höchstes Ziel im Schreiben von Dramen lag. Seine Herkunft war ihm zu diesem Zeitpunkt ebenso wenig bewusst wie dem Großteil der assimilierten Juden Wiens, die etwa den Theaterbesuch dem einer Synagoge bei weitem vorzogen. Theodor Herzl fühlte sich hinsichtlich Bildung und Sozialisation als Humanist, als „Deutscher" im besten Sinne.

Der große Umschwung in Herzls Leben vollzog sich in Paris, wo er ab 1891 als Auslandskorrespondent der „Neuen Freien Presse" tätig war. Die Dreyfus-Affäre, deren Ausgang ganz Europa in zwei Lager spaltete, und die Wahl des Christlichsozialen Karl Lueger zum Wiener Bürgermeister ließen Herzl am Liberalismus, mit dem er aufgewachsen war, zweifeln. Sein Bewusstsein für den Antisemitismus, an dem zu diesem Zeitpunkt bereits ganz Europa krankte, wuchs und er begann sich mit der Frage des Zionismus zu beschäftigen.

Die zionistische Bewegung verstand Herzl als „Gesamtkunstwerk", als antirationales und dynamisches Konzept. Der „Judenstaat" (das gleichnamige Buch erschien 1896) sollte ein von militärischer Zucht, sportlichem Geist, sozialer Sicherheit und Selbstbestimmung geprägtes Gebilde sein, in dem sich die von der Ghettoisierung in die Unterlegenheit gedrängten Juden Europas und der Welt zusammenfinden könnten, denn allein darin sah Herzl die Lösung des Antisemitismus. Für viele Juden, insbesondere aus den ärmeren Schichten, wurde der charismatische Herzl zu einem zweiten König David, von dem sie sich die Lösung ihrer Probleme erhofften.

Erst 1948, fast ein halbes Jahrhundert nach Herzls Tod, wurde der „Judenstaat" Wirklichkeit. Im folgenden Jahr wurde der Gründervater mit seiner Familie auf den „Mount Herzl" in Jerusalem überführt.

Foto Seite 50

Hugo von Hofmannsthal

* 1. 2. 1874 Wien, † 15. 7. 1929 Rodaun

Friedhof Kalksburg, Gruppe 1, Reihe 1, Nr. 49

Manche freilich müssen drunten sterben

Mit 18 Jahren hatte Hugo von Hofmannsthal, Sohn eines jüdischen Bankdirektors, so gut wie alles gelesen, was bis heute zum literarischen Kanon des Abendlandes gehört. Unter dem Pseudonym Loris veröffentlichte er bereits als Gymnasiast seine ersten Gedichte, die Hermann Bahr, den selbst ernannten Mentor des „Jungen Wien", laut ➤ Karl Kraus zu dem Ausruf veranlassten: „Goethe auf der Schulbank!". Es folgten die ersten lyrischen Dramen, die die Stellung des jungen Ästheten als eines der wichtigsten Vertreter der neuen Literatur festigte.

Mit *Ein Brief*, besser bekannt als der *Chandos-Brief*, setzte Hofmannsthal im Jahre 1902 eine Zäsur in seinem Schaffen und damit zugleich in der Literaturgeschichte: „Mein Fall ist, in Kürze, dieser: Es ist mir völlig die Fähigkeit abhanden gekommen, über irgendetwas zusammenhängend zu denken oder zu sprechen."

Hatte Hofmannsthal in seinen frühen Werken vornehmlich aus dem Fundus der Weltliteratur geschöpft, wandte er sich nunmehr Nietzsche und der Freudschen Psychoanalyse zu. In der kongenialen Freundschaft und Arbeitsgemeinschaft mit Richard Strauss entstanden die Libretti zu *Elektra*, dem *Rosenkavalier* oder der *Frau ohne Schatten*.

Hofmannsthals Spätwerk ist geprägt vom Versuch, eine Kontinuität der katholisch-habsburgischen Kultur und der Rolle des Dichters in ihr zu definieren und zu rechtfertigen. Seine „österreichische Idee" führte unter anderem zur Gründung der Salzburger Festspiele gemeinsam mit Max Reinhardt und Richard Strauss. Sein Mysterienspiel *Jedermann* (1911) ist bis heute ein fixer Bestandteil des Festspielprogramms.

Seit 1901 lebte Hofmannsthal zurückgezogen in Rodaun bei Wien. Den tragischen Selbstmord seines ältesten Sohnes überlebte er nur um zwei Tage: Kurz vor dessen Begräbnis erlitt er einen Gehirnschlag. Die letzte Ruhe fand er bei seinem Sohn auf dem Friedhof Kalksburg, wo man ihn auf eigenen Wunsch im Habit des Drittens Ordens der Franziskaner beisetzte.

Foto Seite 51

Ödön von Horváth

* 9. 12. 1901 Fiume/Rijeka, † 1. 6. 1938 Paris

Friedhof Heiligenstadt, Abt. A, Gruppe M, Nr. 4

Ich freue mich meiner Heimatlosigkeit

Der Tod Ödön von Horváths gehört zu den großen Grotesken der Literaturgeschichte: Der Schriftsteller emigriert nach dem „Anschluss" Österreichs nach Paris. Dort, am Rond Point der Champs Élysées, gerät er am 1. Juni 1938 nach einem Besuch im Marigny-Theater in ein Gewitter und wird von einem herabstürzenden Ast erschlagen. Es heißt, eine Wahrsagerin habe ihm prophezeit, in Paris erwarte ihn das „entscheidende Ereignis" seines Lebens.

Das Leben des Diplomatensohnes war von beständigen Ortswechseln geprägt: Horváth wuchs in Belgrad, Budapest, Wien, Bratislava und München auf. Seinen ersten deutschen Satz schrieb er nach eigener Auskunft mit vierzehn Jahren; in Salzburg, Berlin und Murnau verbrachte er sein Schriftstellerleben – „‚Heimat'? Kenn ich nicht. Ich bin eine typisch altösterreichisch-ungarische Mischung: mein Name ist magyarisch, meine Muttersprache ist deutsch."

Horváths erste Theaterstücke fielen in die bewegten zwanziger Jahre. In ihnen erwies sich der weltläufige junge Autor als scharfer Kritiker des Kleinbürgertums und seines „Bildungsjargons", seinem Hang zur Brutalität und Niedertracht. Sein bekanntestes Stück *Geschichten aus dem Wiener Wald* (1931) brachte ihm den Kleist-Preis ein, und die Bühnen rissen sich um seine „Volksstücke". Als sich die Nationalsozialisten zu regen begannen, wurde Horváth nicht müde, in seinen Werken auf die Gefahr, die von ihnen ausging, hinzuweisen. Die Anfeindungen in der einschlägigen Presse blieben nicht aus.

1938 wurde es dann für den unliebsamen Schriftsteller Zeit, zu emigrieren. Das letzte Exil in Paris war kurz: Der erwähnte Unfall bereitete seinem Leben ein unerwartetes Ende. Man setzte den Heimatlosen auf dem tristen Vorstadtfriedhof von St. Ouen bei. Sein Freund Carl Zuckmayer hielt eine der zahlreichen Grabreden.

Fünfzig Jahre später wurde Horváths Leichnam mitsamt seinem Grabstein in sein Wiener Ehrengrab überführt.

Foto Seite 52

Ernst Jandl

* 1. 8. 1925 Wien, † 9. 6. 2000 ebd.
Zentralfriedhof, Gruppe 33 G, Nr. 29

Das Öffnen und Schließen des Mundes

Wer noch das Glück hatte, Ernst Jandl als Rezitator seiner eigenen Texte zu erleben, war Zeuge eines unvergesslichen Ereignisses: Mit schlafwandlerischer Sicherheit bewegte sich der gedrungene Dichter durch den Buchstabenwust seiner Lyrik, spie und bellte die Laute heraus und verstand es dabei, gleichsam mit einem Zwinkern darauf hinzuweisen, dass Konkrete Poesie keine allzu akademische Sache sein müsse.

1956 trat der Gymnasiallehrer Jandl erstmals mit seinem Gedichtband *Andere Augen* auf die literarische Bühne, auf der seit sechs Jahren bereits die sagenumwobene „Wiener Gruppe" für Furore sorgte. Unter ihrem Einfluss und dem von James Joyce entwickelte Jandl die Laut- und Dialektpoesie, die ihn zu einem der bedeutendsten Vertreter der Konkreten Poesie machte. Teile seiner Texte gingen in die Umgangssprache ein, so etwa die berühmte Verdrehung *lechts und rinks* – gleichzeitig konnten sich viele Verlage, darunter auch Suhrkamp, anfangs nicht dazu entschließen, Jandls avantgardistische Lyrik zu veröffentlichen.

Die Musikalität und Rhythmik seiner Lyrik machte den Brückenschlag zur Musik nur selbstverständlich: Bereits in den fünfziger Jahren trat Jandl mit der NDR-Studio-Big Band, später mit dem Vienna Art Orchestra auf. Bis zuletzt konnte sich Jandl für den Rap oder die heimische Musikszene (etwa für das oberösterreichische Duo „Attwenger") begeistern. Gemeinsam mit seiner Lebensgefährtin Friederike Mayröcker setzte sich Jandl wie kaum ein anderer für die Erneuerung der Literatur und die Förderung junger Talente ein.

Ernst Jandl verstarb am 9. Juni 2000 kurz vor seinem 75. Geburtstag an einem Herzleiden. Zu seiner Beerdigung kamen nahezu alle, die ihn in seinem Leben begleitet hatten, zu einer letzten Würdigung dessen, was Ernst Jandl in seinem Schaffen gesehen hatte: „eine ganze sprache / ein ganzes leben / ein ganzes denken / ein ganzes erinnern".

„was ich vor allem vermisse, / astronom du, sternenarchitekt der silben, / ist der klang deiner stimme" (H. C. Artmann).

Gustav Klimt

* 14. 7. 1862 Wien, † 6. 2. 1918 ebd.

Friedhof Hietzing, Gruppe 5, Nr. 194

Sein Werk ein Heiligtum

Kaum ein Name ist so sehr mit dem Ruf Wiens als Stadt der Kunst verbunden wie der Gustav Klimts. Sein vielleicht berühmtestes Gemälde, *Der Kuss*, ziert T-Shirts, Parfumflakons und Confiserieschachteln, und nichts erinnert mehr daran, dass die Ikone des Wiener Jugendstils seinerzeit ein umstrittener Künstler war.

Nach einem Studium an der Kunstgewerbeschule schließt sich Klimt mit seinem Bruder Ernst und dem Maler Franz von Matsch zusammen. Als „Künstlercompagnie" schaffen die drei vorwiegend dekorative Gemälde für öffentliche Gebäude der Monarchie (Kunsthistorisches Museum, Hermesvilla u. a.). Zum ersten Eklat kommt es 1894: Klimts Darstellung der „Philosophie" in der Aula der Wiener Universität sorgt unter der Professorenschaft für Aufregung. Die Aufträge von höchster Stelle sind bereits seit 1892 ausgeblieben.

Die Proteste können den Wandel jedoch nicht aufhalten: Der Historismus und sein prominentester Vertreter, Hans Makart, haben sich überlebt. 1897 spaltet sich eine Reihe jüngerer Künstler von der „Genossenschaft der bildenden Künstler Wiens" ab und bildet unter der Präsidentschaft Klimts die berühmte Wiener Secession. Gemeinsam mit Kolo Moser und dem Otto-Wagner-Schüler Joseph M. Olbrich wird Gustav Klimt schnell zum Hauptvertreter der neuen Bewegung.

Klimts Malstil hat sich zu diesem Zeitpunkt vollends gewandelt: Die Verbindung von naturalistischer Körperdarstellung und ornamentaler Flächengestaltung, für die er heute bekannt und berühmt ist, rührt an die Grenzen des akademischen Geschmacks. Klimts Verehrer, der Kunstkritiker Ludwig Hevesi, bescheinigt ihm „das Äußerste an dekorativer Möglichkeit in strafrechtlicher Sphäre".

1905 verlässt Klimt die Secession und gründet die Klimt-Gruppe. Damit ist die Glanzzeit der Secession vorüber. Im Kriegsjahr 1918 stirbt Gustav Klimt an den Folgen eines Gehirnschlags. Ein schlichter Stein mit großen Jugendstil-Lettern markiert sein Grab.

Foto Seite 53

Karl Kraus

* 28. 4. 1874 Gitschin/Jičín, † 12. 6. 1936 Wien
Zentralfriedhof, Gruppe 5 A, Reihe 1, Nr. 33

Nichts bleibt von mir / als die Quelle, die sie nicht angegeben

Am 1. April 1899 erschien die erste Nummer der *Fackel*, jenes ungeheuren Projektes, das bis zu Karl Kraus' Tod in 922 Nummern mit insgesamt über 30 000 Seiten herauskommen sollte. Der Erfolg des ersten Heftes war enorm: Die Auflage erreichte – einschließlich mehrerer Nachdrucke – rund 30 000 Stück. In der Folge gelang es Kraus, Autoren wie ➤ Adolf Loos, ➤ Peter Altenberg, Egon Friedell, Else Lasker-Schüler u. a. zu gewinnen. Ab November 1911 bestritt Kraus die *Fackel*-Beiträge im Alleingang.

Niemand, der ihrer würdig war, entging der Kritik des wortgewaltigen Schriftstellers. Den Kreis um Hermann Bahr verachtete er als „Neutöner" und „Kaffeehausdekadenzmoderne", ➤ Herzls Zionismus entlarvte er als anachronistisch, die bürgerliche Sexualmoral als doppelbödig und die Freud-Schule als „psychoanal". Sein größtes Anliegen, die Reinhaltung der Sprache vom Phrasensumpf des Journalismus, fand seinen eindrucksvollsten Niederschlag in den *Letzten Tagen der Menschheit* (1919), die Kraus aus belegbaren Zitaten zu einer apokalyptischen Vision collagierte. Inmitten einer Welt, die den Krieg als „technoromantisches" Abenteuer feierte, stand Kraus mit seinen Bedenken recht allein da. Nur wenige empfanden bei der Lektüre seiner Texte „das Gefühl absoluter Verantwortlichkeit" (E. Canetti).

In seinem Testament unterlief dem gewissenhaften Korrektor seiner eigenen Texte jedoch ein bezeichnender Fehler: Der Tod kommt in ihm nicht vor: „Nur weil mein *Leben* so wenig eine Familienangelegenheit sein sollte, wie es mein *Leben* – der Arbeit wegen – sein musste, bitte ich meine Verwandte, meiner Bestattung ... fernzubleiben. Dass es eine Privatangelegenheit sei, die auch andere fernhält, kann ich nur wünschen, nicht sichern." (Hervorheb. d. Verf.) Karl Kraus erlag am 12. Juni 1936 einem Herz- und Gehirnschlag. Die Inschrift auf seinem Grabstein wurde den Lettern nachempfunden, mit denen die *Fackel* gedruckt wurde.

Foto Seite 54

Adolf Loos

* 10. 12. 1870 Brünn/Brno, † 23. 8. 1933 Wien

Zentralfriedhof, Ehrengräber Gruppe 0, Reihe 1, Nr. 105

Loos, der die Welt von überflüssiger Arbeit befreite!

Das waren die Worte, die sich Adolf Loos für seinen Grabstein wünschte. Die Vermeidung „überflüssiger Arbeit“ bedeutete für Loos die Entkleidung der Architektur und der Gegenstände des täglichen Lebens vom unnützen Ballast des „Stils“, des Ornaments und der Dekoration.

Bereits 1898 wandte sich der junge Loos, der eben ein Studium in Dresden und einen prägenden dreijährigen USA-Aufenthalt absolviert hatte, in der Secessions-Zeitschrift „Ver Sacrum“ gegen die Architektur der Wiener Ringstraße. In ihr sah er verkörpert, was Hermann Broch später den „Zynismus ... ausschließlich dekorativen Amüsements“ nannte: Die Funktion, die „Wahrheit“ der Gebäude sei verborgen hinter dem überreichen Schmuck der historischen Fassade. Die Dinge, also auch und in erster Linie die Architektur, müssten „ästhetisch so lange halten, wie sie es physisch tun“ (A. Loos).

Mit seinen ethisch-ästhetischen Grundsätzen bewegte sich Loos in der unmittelbaren Nähe seines Freundes ➤ Karl Kraus, dessen Reinigung der Sprache von willkürlicher Verbrämung eine ähnliche Intention verfolgte. Dass ihm nicht nur die Architektur ein Anliegen war, zeigt etwa seine Freundschaft zu ➤ Peter Altenberg, Oskar Kokoschka und Georg Trakl.

Die großen Aufträge blieben vorerst aus; Loos hatte sich durch seine dezidierten Ansichten isoliert. Nach dem Bau des Café Museum 1899 entstand schließlich in den Jahren 1909-1911 das Haus am Michaelerplatz, das sofort zu einem Skandal führte: „Haus ohne Augenbrauen“ nannte man das Gebäude, verstört durch die Tatsache, dass hier nackte Fensteröffnungen zu sehen waren, die in erster Linie einem Zweck zu dienen hatten: dem, Licht einzulassen. Der Kaiser in der gegenüberliegenden Hofburg äußerte den ausdrücklichen Wunsch, von diesem Anblick verschont zu werden.

1933 erlag Loos einem schweren Nervenleiden. Sein Grabstein stammt von ihm selbst; die Grabrede hielt ➤ Karl Kraus.

Foto Seite 55

Gustav Mahler

* 7. 7. 1860 Kalischt/Kalište, † 18. 5. 1911 Wien

Friedhof Grinzing, Gruppe 6, Reihe 7, Nr. 1

Dunkel ist das Leben, ist der Tod

„Gustav Mahler war ein Heiliger ... Selten hat einem die Mitwelt so arg mitgespielt; keinem vielleicht ärger" (A. Schönberg). Mahlers Leben und Laufbahn als Komponist und Dirigent ist in der Tat von auffällig vielen Enttäuschungen und Tiefschlägen gekennzeichnet.

Wie so viele Musiker musste der Sohn eines Gastwirts die ersten Jahre seiner Laufbahn als Klavierlehrer fristen. Es folgten kleinere Engagements als Kapellmeister in Bad Hall, Laibach, Olmütz und Kassel, bis Mahler schließlich 1897 – nun schon ein geschätzter Dirigent – zum Direktor der Wiener Hofoper bestellt wurde. Freilich hatte er vorher zum Katholizismus konvertieren müssen; eine Maßnahme, die ihn jedoch in keiner Weise vor antisemitischen Anfeindungen schützen sollte.

Seine Kompositionstätigkeit musste er hingegen auf die ihm verbleibende freie Zeit beschränken; sie blieb im Bewusstsein der Öffentlichkeit entsprechend weit zurück.

1902 heiratete Mahler die erst 23jährige Kompositionsschülerin Alma Schindler (➛ A. Mahler-Werfel); eine Ehe, geprägt von Unsicherheit und künstlerischer Konkurrenz. Unterdessen waren die Angriffe, die sich gegen seine Tätigkeit als Hofoperndirektor richteten, immer zahlreicher geworden, so dass er schließlich 1907 enttäuscht seinen Rücktritt einreichte. Die Übersiedelung nach New York und ein Engagement an der Metropolitan Opera brachten jedoch keine Verbesserung seiner Gemütslage. 1908 schrieb er das *Lied von der Erde*, dessen Text unsere Überschrift entnommen ist. 1911 kehrte Mahler todkrank nach Wien zurück. In der Partitur zur unvollendeten *Zehnten Symphonie* finden sich erschütternde handschriftliche Anmerkungen, so etwa: „Ach! / Leb' wol mein Saitenspiel! / Leb wol / Leb wol / Ach wol /Ach Ach".

Gustav Mahler starb am 18. Mai 1911. Seinen Grabstein auf dem Grinzinger Friedhof, auf dem auch seine Frau Alma und seine Schwester Justine bestattet wurden, entwarf Josef Hoffmann.

Foto Seite 56

Alma Mahler-Werfel

* 31. 8. 1879 Wien, † 11. 12. 1964 New York
Friedhof Grinzing, Gruppe 6, Reihe 6, Nr. 7

Diese sonderbare Ehe mit Gustav Mahler ...

Als Alma Maria Schindler 1964 in New York starb, konnte sie auf ein bewegtes Leben zurückblicken. Kaum eine andere Frauengestalt hatte es wie sie verstanden, die künstlerische und gesellschaftliche Welt ihrer Zeit in Atem zu halten.

Der ungewöhnliche Lebensweg der Tochter des Landschaftsmalers Emil Jakob Schindler begann mit einem Kompositionsstudium bei Alexander von Zemlinsky. 1901 lernte die junge Komponistin im Hause Zuckerkandl den 42jährigen Direktor der Wiener Hofoper, Gustav Mahler, kennen. Die Heirat folgte sechs Monate später, und auf sie eine zehn Jahre währende Beziehung voller Schwierigkeiten. „Diese sonderbare Ehe mit Gustav Mahler, diesem Abstraktum ...", sagte sie später über die erste ihrer drei Ehen. Mahler wollte im Ehevertrag festgehalten wissen, dass nur er das Recht besäße, zu komponieren. Die Bewunderung für sein Genie ließ sie zustimmen – die Konflikte waren jedoch absehbar. Für Mahler wurde Alma schnell zu Muse, Mutter und Mätresse in einer Person. Eine Analyse bei Freud bestätigte Mahler einen „Marienkomplex", der ihn sich von seiner Frau zugunsten seines Werkes abwenden ließ. Zudem war ihm Alma bei der Bewältigung der antisemitischen Anfeindungen nicht hilfreich: einen „stinkenden Kaffeehausjuden" hat sie ihren dritten Mann Franz Werfel genannt; in ihrem zweiten Mann Walter Gropius sah sie den einzigen, „der sich rassisch mit (ihr) messen konnte".

Nach Gustav Mahlers Tod, einer Affäre mit dem Maler Oskar Kokoschka und einer kurzen Ehe mit dem Architekten Walter Gropius heiratete Alma Mahler 1929 Franz Werfel. In der gemeinsamen, von Josef Hoffmann erbauten Villa in Wien-Döbling führte Alma einen Salon, in dem alles, was Rang und Namen hatte, ein und aus ging.

1938 emigrierte das Ehepaar Werfel nach Frankreich und 1940 in die USA, wo Werfel 1945 starb. Alma Mahler-Werfel starb 85jährig in New York und wurde auf den Friedhof Grinzing überführt, auf dem auch ihr erster Mann seine letzte Ruhe gefunden hat.

Foto Seite 57

Hans Moser

eigtl. Jean Julier, * 6. 8. 1880 Wien, † 19. 6. 1964 ebd.
Zentralfriedhof, Ehrengräber Gruppe 32 C, Nr. 27

Der Moser ist gar kein Schauspieler, sondern ein Wahrspieler

„Den begnadetsten Komödianten überhaupt“ hat ihn sein oftmaliger Filmpartner Paul Hörbiger genannt. „Er musste sich nicht bemühen, komisch zu sein – er war es einfach.“

Dabei hatte Jean Juliers Karriere alles andere als komisch begonnen. Nach einem kurzen Schauspielunterricht bei Joseph Moser, einem entfernten Verwandten, dem zu Ehren Jean seinen Künstlernamen annahm, tingelte der 17jährige durch die Provinz. Seine ersten Sporen verdiente er sich als Kleindarsteller; daneben musste er aber auch Kulissen schieben und Zettel verteilen.

Nach einigen kleineren Rollen beim Film wurde Max Reinhardt auf ihn aufmerksam und holte ihn an die Josefstadt. Dort begann der rasante Aufstieg zu einem der beliebtesten Volksschauspieler des deutschen Sprachraums. Moser entwickelte seinen Stil, das beständige Nuscheln, zur Kunstform: Das Ungesagte, Unartikulierte wurde bei ihm zum Wesentlichen. Der komische Effekt, den Moser damit erzielte, ist in unzähligen Filmen zu bewundern (z. B. *Maskerade*, 1934, *Burgtheater*, 1936, *Das Ekel*, 1939, *Hofrat Geiger*, 1947, *Hallo, Dienstmann*, 1952).

Wie sein deutscher Kollege Heinz Rühmann verkörperte der kleine Schauspieler mit dem einprägsamen Profil vorzugsweise den „kleinen Mann“ – Dienstmänner, Beamte und grantelnde Väter waren die Rollen, in denen Moser am meisten aufging. Max Reinhardt (von ihm stammt der Ausspruch in der Überschrift) ließ ihn Nestroy und ➤ Horváth spielen (Moser verkörperte den Zauberkönig in der Uraufführung von Horváths *Geschichten aus dem Wiener Wald*). Eine seiner letzten Rollen war der „alte Weiring“ in ➤ Schnitzlers *Liebelei*, mit der er bewies, dass er sein Publikum nicht nur zum Lachen bringen konnte.

Hans Moser starb am 19. Juni 1964 an Alterskrebs und wurde in einem Ehrengrab der Stadt Wien beigesetzt. Neben seinen engsten Freunden wohnten mehr als fünftausend Menschen der Beerdigung bei.

Foto Seite 58

Wolfgang Amadeus Mozart

* 27. 1. 1756 Salzburg, † 5. 12. 1791 Wien

Zentralfriedhof, Ehrengräber Gruppe 32 A, Nr. 55; Friedhof St. Marx

Wer anfängt muss auch aufhören

Die Geschichte von Mozarts letzter Ruhestätte ist einigermaßen verworren: Der Zentralfriedhof reiht ihn in seine Ehrengräber ein, auf dem St. Marxer Friedhof wurde er begraben, und sein mutmaßlicher Schädel liegt, vielfach vermessen und analysiert, im Salzburger Mozarteum.

Die bewegende Schlussszene aus Milos Formans Film *Amadeus*, in der der anonyme Leichnam des allzu menschlichen Genies in ein Massenschachtgrab geworfen wird, dürfte im Großen und Ganzen den Tatsachen entsprechen: Der Reformkaiser Joseph II. hatte den Wienern mit einer 1784 erlassenen Begräbnisordnung ihre „schöne Leich" – freilich nur vorübergehend – gründlich verdorben: Aus Gründen der Platz- und Geldersparnis führte man den wieder verwendbaren „Sparsarg" und die mehrfach belegbaren Schacht- und Massengräber ein. (Das hartnäckige Gerücht, der missgünstige Hofkapellmeister Antonio Salieri habe Mozart vergiftet, hat sich im übrigen als falsch herausgestellt.)

In einem solchen Grab wurde Mozart also am 6. Dezember 1791, gemäß dem Begräbnis III. Klasse zu acht Gulden 56 Kreuzer, das seine Witwe – wohl aus punktuellem Geldmangel – für ihn bestellt hatte, beigesetzt. Ein Kreuz oder gar einen Grabstein gab es nicht. Als man sich im 19. Jahrhundert wieder für das von Gott geliebte Wunderkind zu interessieren begann, war der genaue Ort der Begräbnisstätte nicht mehr rekonstruierbar. 1859 errichtete man ein im Vergleich zur Umgebung recht protziges Denkmal an der ungefähren Stelle seines Grabes, das man anlässlich des hundertsten Todestages auf den Zentralfriedhof verlegte.

Auf dem St. Marxer Friedhof stellte ein musikliebender Friedhofswärter aus Fundstücken ein Grabmal zusammen, das in seiner Arglosigkeit dem Naturell Mozarts vielleicht am ehesten entspricht – „nun muss ich schliessen, ob es mich thut verdriessen, wer anfängt muss auch aufhören, sonst thut man die leute stöhren, an alle meine freünde mein Compliment, und wers nicht glaubt, der soll mich lecken ohne end ..." (aus den Bäsle-Briefen).

Foto Seite 60, 61

Johann Nestroy

* 7. 12. 1801 Wien, † 25. 5. 1862 Graz

Zentralfriedhof, Ehrengräber Gruppe 32 A, Nr. 6

Im Tode muss Wahrheit sein, schon deswegen, weil er der Gegensatz vom Leben ist

Die letzten Jahre seines Lebens verbrachte der Volksschauspieler Johann Nepomuk Eduard Ambrosius Nestroy als gutsituierter Privatier in Graz und Bad Ischl. Vom Theater hatte er sich zurückgezogen, um seinen wohlverdienten Ruhestand genießen zu können. Der allerdings war nur von kurzer Dauer: Am 25. Mai 1862 machte ein Gehirnödem seinem Leben ein Ende. Sein Leichnam wurde von Graz nach Wien überführt, auf den noblen Währinger Ortsfriedhof, auf dem auch schon ➤ Franz Schubert und ➤ Ludwig van Beethoven ihre letzte Ruhe gefunden hatten. Die Wiener bildeten für ihren Bühnenliebling beim Trauerzug ein langes Spalier.

Nestroy hinterließ eine Unzahl von Theaterstücken, deren prominenteste noch heute zum Repertoire einer jeden größeren Bühne gehören. Nahezu 900 Rollen soll er beherrscht haben; nicht wenige davon hatte er sich selbst auf den Leib geschrieben, etwa den „Knieriem" im *Lumpacivagabundus*, dem Stück, das ihn 1833 mit einem Schlag berühmt gemacht hatte.

Seine scharfzüngigen, durch dialektischen Witz brillierenden Volksstücke machten ihn schnell zum beliebtesten Bühnenautor des Wiener Vormärz. Seine berühmten Couplets, die meist improvisiert in die Handlung eingeflochten wurden, nahmen Zensur und Revolution gleichermaßen aufs Korn. Wie seinem Wiederentdecker ➤ Karl Kraus ging es Nestroy vor allem darum, der Heuchelei und der Doppelmoral den Spiegel vorzuhalten, wobei für ihn das Menschliche immer weit mehr im Vordergrund stand als das bloß Politische: „Ich revoltiere gegen die Weltregierung, das heißt gegen das, was man eigentlich Schicksal nennt", heißt es einmal in der Posse *Höllenangst*.

Ein zwiespältiges Resümee seines Schaffens hat Nestroy einmal selbst gezogen: „Was hat die Nachwelt für uns getan? Nichts! Das nämliche tue ich für die Nachwelt." Ob ernst gemeint oder nicht – Nestroys Werk hat jedenfalls überdauert.

Foto Seite 59

Helmut Qualtinger

* 8. 10. 1928 Wien, † 29. 9. 1986 ebd.
Zentralfriedhof, Gruppe 33 G, Nr. 73

's Sterben haaßt aa nix mehr

Auf Wunsch des Verstorbenen begleiten die *Vienna Dixie Stompers* den Leichenzug von der Aufbahrungshalle zum Grab mit einem schwermütigen Blues. Davon abgesehen verlief die Beerdigung Helmut Qualtingers wie ein klassisches Wiener Ehrenbegräbnis: Am Sarg sprach der Bürgermeister Helmut Zilk, Prälat Ungar vertrat die Kirche und Hans Weigel die schreibende Zunft. Unzählige Trauergäste säumten das Grab. Qualtinger hatte natürlich recht gehabt, als er einmal sagte: „In Wien musst' erst sterben, damit sie dich hochleben lassen. Aber dann lebst' lang."

Dabei verhielt es sich viel eher so, wie ein deutscher – und daher gleichsam unbeteiligter – Fernsehmoderator gesagt hatte: „Mit Helmut Qualtingers Tod ist eine Stimme für immer verstummt, die viele gerne zum Schweigen gebracht hätten."

Qualtinger, und das kann nicht oft genug betont werden, war nicht der „Herr Karl". Qualtingers und Carl Merz' Text *Der Herr Karl* in der Fernsehproduktion von 1961 ist ein Wunder an Kenntnis der österreichischen Seele, das die Mär von der „Gmüatlichkeit" und vom „gold'nen Wienerherz" vollständig demontiert. Natürlich liefen die Fernsehzuschauer Sturm, doch über die Jahre richtete man es sich ein mit dem „Herrn Karl". Wie auch andere Schriftstellerkollegen mutierte Qualtinger nach seinem Tod sehr schnell zu einer Art Markenzeichen.

Der große Unbequeme hat eine Schatzgrube von Werk hinterlassen, in der – gerade auch heute wieder – vieles nachzulesen wäre. Zur Legende wurde seine Rezitation von ➤ Karl Kraus' *Letzten Tagen der Menschheit* oder die Lesung aus Hitlers *Mein Kampf*. Seine Kabarettprogramme (etwa die „Travnicek"-Stücke) und Chansons haben die Szene nachhaltig geprägt; als Stimmenimitator ist er bis heute unerreicht.

Die von Alfred Hrdlicka gestaltete Grabbüste Qualtingers wurde nach Angaben der Kriminalpolizei zwischen 1. und 6. 12. 1998 vom Zentralfriedhof gestohlen. Über die Hintergründe dieses Diebstahls wüsste man gerne etwas mehr.

Foto Seite 62

Egon Schiele

* 12. 6. 1890 Tulln, † 31. 10. 1918 Wien

Friedhof Ober-St. Veit, Gruppe B, Reihe 10, Nr. 15

Der Krieg ist aus, und ich muss gehen

Eine der letzten Zeichnungen Schieles zeigt seine sterbende Frau Edith, die, im sechsten Monat schwanger, am 28. Oktober 1918 an der Spanischen Grippe verstarb. Drei Tage später folgte ihr Egon Schiele, von derselben Krankheit infiziert, in den Tod. Die letzten Worte des 28jährigen waren: „Der Krieg ist aus, und ich muss gehen. Meine Gemälde sollen in allen Museen der Welt gezeigt werden!"

Sein letzter Wunsch scheint in Erfüllung gegangen zu sein: Kaum ein Museum hat (oder hatte) nicht schon einmal einen Schiele an seinen Wänden hängen. Schieles Rang in der Kunstgeschichte ist unumstritten, als Künstler spaltet er nach wie vor die Meinungen. Viele stoßen sich am grellen Narzissmus und der offenkundigen Erotik seiner Bilder – bekannterweise musste Schiele 1912 wegen „Verbreitung unsittlicher Zeichnungen" in Arrest. Man äußerte auch den Verdacht, er habe sich an seinen minderjährigen Modellen vergangen. Oskar Kokoschka hielt das „Bürschchen" überhaupt nur für eine Erfindung des Kunsthandels. Nach Alfred Hrdlicka habe Schiele „den Spätstil seines Künstlerfreundes Klimt in exzessiver Weise bis an die Grenze des Möglichen durchexerziert" und allzu berechnend für ein bestimmtes Publikum gemalt.

Schieles Leben scheint im merkwürdigen Einklang mit seinem Werk gestanden zu sein. Eine Mischung aus Askese und Lebens- und Erlebnishunger, gepaart mit einem Hang zur Düsternis, spricht aus den meisten seiner Bilder und brachte ihm keineswegs nur Bewunderer ein. Krumau, das er mit seiner Geliebten Wally Neuzil aufsuchte, musste er nach kurzer Zeit wegen des allzu großen Widerstandes der Bevölkerung wieder verlassen. Die Gerichtsverhandlung 1912 mit der dreitägigen Haft, eine zum Exzess neigende Lebensführung und der lange ausbleibende Erfolg dürften seine Lebenskraft geschwächt haben.

Egon Schiele starb – wie auch ➤ Gustav Klimt, Kolo Moser und Otto Wagner – im schicksalsträchtigen Jahr 1918. Das Grabdenkmal schuf der Bildhauer Benjamin Ferenczy.

Foto Seite 63

Arthur Schnitzler

* 15. 5. 1862 Wien, † 21. 10. 1931 ebd.

Zentralfriedhof, Isr. Abt., Gruppe 6, Reihe 0, Nr. 4

Weltschmerz? Nein, Weltironie

Arthur Schnitzler starb am 21. Oktober 1931 in den Armen Clara Pollaczeks, seiner treuen, aber ungeliebten Gefährtin der letzten Jahre. In seinem Testament hatte er festgehalten, dass seine Tagebücher sofort nach seinem Tode abzuschreiben seien.

Seit 1921, dem Jahr der Scheidung von seiner Frau Olga Gussmann, hatte sich Schnitzler mehr und mehr in die Isolation zurückgezogen. In diesem Jahr hatte die Berliner Uraufführung des *Reigens* einen Skandal hervorgerufen, in dessen Gefolge Schnitzler wegen „Erregung öffentlichen Ärgernisses" die Aufführungsrechte zurückziehen musste. Zum zweiten Mal hatte er gegen einen Kodex der Welt, die er in seinen Werken so unübertroffen porträtierte, verstoßen: Die Veröffentlichung von *Leutnant Gustl* hatte 1901 zur Aberkennung seines Status als Reserveoffizier der k.u.k. Armee und zu antisemitischen Angriffen geführt.

Dennoch war Schnitzler zu Beginn des 20. Jahrhunderts einer der meistgespielten Bühnenautoren: Begeistert sahen die Statisten der „fröhlichen Apokalypse Wiens" (H. Broch) in den Spiegel, den ihnen der Arzt und Psychologe Schnitzler vorhielt. Die Verbindung Schnitzlers zu Freud ist bekannt – Freuds berühmter Gratulationsbrief zu Schnitzlers 60. Geburtstag, in dem ersterer von „einer Art von Doppelgängerscheu" spricht, belegt die nahezu unheimliche Übereinstimmung der beiden, die sich kaum je persönlich gesehen hatten.

Vielleicht hat die bald erfolgte Festlegung Schnitzlers auf die Typen, die er schuf (allen voran das „süße Mädel") dazu geführt, dass er nach dem Ersten Weltkrieg keine Dramen mehr schrieb. Hinzu trat ein schweres Gehörleiden, das ihm den Theaterbesuch unmöglich machte. In dieser Zeit entstanden große Teile seiner – oft zu wenig beachteten – Prosa.

Schnitzler, der „leidenschaftslose, klinische Beobachter und ... leidenschaftlich Liebende" (F. Thorn) starb, gebrochen vom Selbstmord seiner abgöttisch geliebten Tochter Lili, 69jährig in Wien an den Folgen einer Gehirnblutung.

Foto Seite 64

Arnold Schönberg

* 13. 9. 1874 Wien, † 13. 7. 1951 Los Angeles

Zentralfriedhof, Ehrengräber Gruppe 32 C, Nr. 21A

Musik soll nicht schmücken, sie soll wahr sein

Ein „junger Mann, der ebenso feurig wie falsch sein Instrument misshandelte" (A. von Zemlinsky) stand am Beginn einer der spannendsten Künstlerkarrieren, die das Fin de Siècle zu bieten hatte. Der junge Arnold Schönberg hatte eben eine Banklehre aufgegeben, um sich ganz dem Studium der Komposition zu widmen.

1904 gründen Schönberg und sein Lehrer Alexander von Zemlinsky den „Verein der schaffenden Tonkünstler", dessen Aufführungen vom Publikum gefürchtet und von der Presse geschmäht werden: Schönberg mache „wilde, ungepflegte Demokratengeräusche, die kein vornehmer Mensch mit Musik verwechseln kann" (Illustriertes Wiener Extra-Blatt). Schönberg hat mit den *Drei Klavierstücken* op. 11 (1909) mittlerweile den Wechsel zur Atonalität vollzogen.

In dieser Zeit wendet sich der Komponist auch der Malerei zu. In Wechselwirkung mit dem Werk seines Freundes Richard Gerstl entstehen ca. 60 Bilder, vorwiegend Selbstporträts. Als Gerstl 1908 ein Verhältnis mit Schönbergs Frau beginnt, kommt es zum Bruch. Gerstl begeht im selben Jahr Selbstmord. In den zwanziger Jahren, den Jahren des „Less is more" ➛ Adolf Loos' und Ludwig Wittgensteins *Tractatus*, erfolgt dann die Hinwendung zur Zwölftontechnik, die „Methode der Komposition mit 12 nur aufeinander bezogenen Tönen", die das Musikverständnis des 20. Jahrhunderts revolutionieren sollte. 1933 emigriert Schönberg in die USA, wo er ab 1934 in Los Angeles und Boston unterrichtet. Die Früchte eines rastlosen Lebens und Schaffens stellen sich in Form von Ehrungen ein. Thomas Mann konstruiert seinen *Doktor Faustus* auf der Grundlage der Schönbergschen Kompositionslehre, die Stadt Wien macht den Exilanten zum Ehrenbürger.

Am 13. Juli 1951 stirbt Schönberg über der Arbeit an den *Modernen Psalmen*. Seine Urne und die seiner Frau Gertrud werden 1974 nach Wien überführt. Das Grabmal, einen massiven, auf einer Ecke balancierenden Kubus, entwarf Fritz Wotruba.

Foto Seite 65

Franz Schubert

* 31. 1. 1797 Wien, † 19. 11. 1828 ebd.
Zentralfriedhof, Ehrengräber Gruppe 32 A, Nr. 28

Hier liegt, der sie sang

Um kaum einen Künstler ranken sich so viele rührselige Mythen wie um Franz Schubert. Will man ihnen Glauben schenken, so liegt in Schuberts Grab das verkannteste, depressivste und erotisch unglücklichste Genie aller Zeiten. Dieses bis zum heutigen Tage fortdauernde Klischee hat die Nachwelt in erster Linie dem Roman *Schwammerl* von Rudolf Hans Bartsch, auf dem auch ein Singspiel fußt, sowie zahlreichen tränenschweren Verfilmungen von Schuberts Leben zu verdanken.

Die Schubertforschung hat mit dergleichen gründlich aufgeräumt und präsentiert uns heute einen ungeheuer produktiven und zwar nicht eben leichtlebigen, aber keinesfalls übertrieben leidgeplagten Komponisten, der bei seinen Zeitgenossen durchaus Anerkennung fand.

Unterricht erhielt der Sohn eines Schulmeisters unter anderem bei Antonio Salieri, dem „musikalischen Papst" Wiens zur Zeit des Wiener Kongresses. Erstmals größere Bekanntheit verschaffte ihm die Aufführung seiner *F-Dur-Messe* im Jahre 1814. Seine Lieder, vor allem der *Erlkönig* und *Gretchen am Spinnrad* wurden bald bei jeder musikalischen Soiree, deren die Biedermeierzeit sich im Überfluss erfreute, zum Besten gegeben, seine symphonischen Werke fanden ebenfalls allgemeinen Anklang.

Tatsächlich geschmerzt haben dürfte Schubert der relative Misserfolg seiner Bühnenwerke, die bis heute kaum auf irgendeinem Spielplan zu finden sind. Von seinen insgesamt achtzehn Opern und anderen Werken für die Bühne wurden nur vier zu seinen Lebzeiten aufgeführt.

Franz Schubert, der häufig seine Wohnung wechselte und sich ohne Erfolg um die Stelle eines Vizehofkapellmeisters bewarb, starb an Typhus. Sein Leichnam wurde auf seinen ausdrücklichen Wunsch in der Nähe der letzten Ruhestätte Beethovens auf dem Währinger Ortsfriedhof beigesetzt und 1888 – wiederum gemeinsam mit Beethoven – auf den Zentralfriedhof überführt. „Wanderer! Hast du Schuberts Lieder gehört? Unter diesem Steine liegt er. (Hier liegt, der sie sang.)" (F. Grillparzer, *Für Schuberts Grabstein*)

Foto Seite 66

Margarete Schütte-Lihotzky

* 23. 1. 1897 Wien, † 18. 1. 2000 ebd.
Zentralfriedhof, Gruppe 33 G, Nr. 28

Die Ethik des Bauens

Beinahe wäre sie 103 Jahre alt geworden. Ein lebendes Denkmal war sie schon längst. Margarete Schütte-Lihotzky hat ein ganzes Jahrhundert begleitet, als Architektin, als Nonkonformistin und Zeitzeugin.

18jährig begann sie als erste Frau ein Architekturstudium an der Wiener Kunstgewerbeschule. Ihr Lehrer war der Ferstel-Schüler Oskar Strnad. Der Ringstraßen-Boom war längst vorbei; die Zeit des „Roten Wien" hatte begonnen. Strnad hatte sich bereits mit dem Bau von kommunalen Wohnhausanlagen beschäftigt; seine Schülerin schloss sich bald der „Siedlerbewegung" an, in deren Rahmen sie auch mit ➤ Adolf Loos zusammenarbeitete. In den Wirtshäusern der Vorstädte lernte sie die Bedürfnisse und Sorgen der Arbeiter verstehen; ihnen sollte sie den größten Teil ihres Schaffens widmen. „Ethischen Realismus" hat der Architekt und Architekturkritiker Friedrich Achleitner ihre Art des Bauens genannt.

1926, in Frankfurt am Main, entwarf Schütte-Lihotzky ihr Meisterstück: Die „Frankfurter Küche", die auf kleinstem Raum den größtmöglichen Nutzen und damit eine Möglichkeit zur Entlastung der Frau von der Hausarbeit bot, wurde zur Mutter aller Einbauküchen. In der Sowjetunion baute sie gemeinsam mit Frankfurter Kollegen Arbeitersiedlungen, Kindergärten und Schulen. 1940 schließlich schien der überzeugten Kommunistin ihr soziales Engagement zum Verhängnis werden zu wollen: Als sie zwecks Kontaktaufnahme mit dem österreichischen Widerstand nach Wien reiste, wurde sie von der Gestapo verhaftet und zum Tode verurteilt, zu Kriegsende jedoch von den Amerikanern befreit.

Die Zweite Republik strafte die „illegale Kommunistin" mit Ächtung und hielt ihre Aufträge an die renommierte Architektin zurück. Erst in den achtziger Jahren begann man ihr Werk wieder zu würdigen, und auch die ersten Ehrungen für ihr reiches Leben und Schaffen begannen sich einzustellen. Margarete Schütte-Lihotzky starb fünf Tage vor ihrem 103. Geburtstag an einem Herzleiden.

Johann Strauß Sohn

* 25. 10. 1825 Wien, † 3. 6. 1899 ebd.
Zentralfriedhof, Ehrengräber Gruppe 32 A, Nr. 27

Jetzt will der Mistbub, der Johann, auch Walzer schreiben ...

soll Johann Strauß Vater gesagt haben, als sich auch sein Sohn Johann gegen den Willen des Vaters, der die Härten des Musikerberufes am eigenen Leib erfahren hatte, dem Komponieren zuwenden wollte. Doch der Siegeszug Johann Strauß' war auch durch das väterliche Veto nicht aufzuhalten und stellte den des Vaters weit in den Schatten.

Im August 1844 bewarb sich Johann bei den zuständigen Behörden mit Erfolg als Kapellmeister und stellte sein erstes Orchester zusammen. Nach einem Debutkonzert im „Dommayer" in Wien-Hietzing war die Kapelle bald ein Begriff. Die Zeitungen feierten den Spross der Musikerfamilie gebührend: „Gute Nacht, *Lanner*! Guten Abend, *Strauß-Vater*! Guten Morgen *Strauß-Sohn*!" („Der Wanderer"). Vorerst jedoch waren Engagements, die den jungen Kompositeur auch finanziell hätten tragen können, noch in den Händen seines schärfsten Konkurrenten, dem eigenen Vater. Johann verdiente sich seinen Unterhalt einstweilen auf Reisen durch Europa, wo er das Publikum im Sturm eroberte. Ob Wien, London, Paris; der Walzer, und hier vor allem *An der schönen blauen Donau* (1867) und *Wiener Blut* (1871), war der Tanz der Stunde.

Doch es rührten sich auch Kritiker, die der Straußschen Musik Oberflächlichkeit und Weltfremdheit vorwarfen. Hermann Broch sah in Johann Strauß' Musik den Inbegriff der „fröhlichen Apokalypse Wiens", das zu Walzerklängen seinem Untergang entgegentanzte. Nichtsdestotrotz feierten die Operetten von Johann Strauß Sohn (*Die Fledermaus*, 1874; *Der Zigeunerbaron*, 1885) bahnbrechende Erfolge und stehen bis heute auf dem Spielplan der großen Bühnen. Ebenso ungebrochener Beliebtheit erfreuen sich die Polkas, Märsche und Quadrillen des ehemaligen Hofballmusikdirektors.

Am 3. Juni 1899 erlag Strauß einer Lungenentzündung. Die Wiener säumten den letzten Weg ihres „Walzerkönigs" auf den Zentralfriedhof, wo man ihn in der „Musikergruppe" bestattete.

Foto Seite 67

Otto Wagner

* 13. 7. 1841 Wien, † 11. 4. 1918 ebd.
Friedhof Hietzing, Gruppe 13, Nr. 131

Die einzige Herrin der Kunst ist die Notwendigkeit

Mit diesen Worten überschrieb Otto Wagner 1893 seinen Wettbewerbsbeitrag für einen neuen Bebauungsplan Wiens. Das Motto war ebenso ehrgeizig wie ungewohnt. Von Notwendigkeiten und ihren Auswirkungen auf die Architektur hatten die Auftraggeber des bisher größten städtebaulichen Projekts, der Anlage der Wiener Ringstraße, nichts wissen wollen. Monumentaler Prunk und historische Fassaden beherrschten das Stadtbild Wiens. Einer der Architekten, der als Schüler Sicardburgs und van der Nülls das Ringstraßen-Wien im Stil der „freien Renaissance" mitgestaltete, war Otto Wagner gewesen.

1899, zwei Jahre nach ihrer Gründung, trat Wagner der Secession bei, einer Vereinigung bildender Künstler, die unter dem Motto „Der Zeit ihre Kunst, der Kunst ihre Freiheit" den Bruch mit dem Historismus proklamierte. Ein neuer Grundsatz Wagners hieß von nun an: „Etwas Unpraktisches kann nicht schön sein." Berauscht von den Notwendigkeiten des modernen Lebens entwarf Wagner Bauten, deren Funktionalität ihr Erscheinungsbild bestimmte. Was den Architekten der Ringstraße der Stuck gewesen war, waren Wagner nun zeitgemäße Materialien wie Beton, Stahl und Aluminium. Am deutlichsten wird die von ihm propagierte „Würde des Materials" an seinen epochemachenden Bauten, der Österreichischen Postsparkasse, der Kirche Am Steinhof und dem Wohnhaus Neustiftgasse/Ecke Döblergasse.

Wagners große, nie vollendete Vision war eine Stadt von wahrhafter Urbanität, in der ökonomische Faktoren, Hygiene und Verkehr das Stadtbild strukturieren, eine Stadt als dynamisches Konzept. Die Uniformität der Bauten, die von der Forderung nach demokratischem Wohnen und Leben bedingt wurde, wollte er zur Monumentalität erheben.

Nach dem Tod seiner Frau 1915 zog sich Wagner aus der Öffentlichkeit zurück, ohne jedoch seine Projekte zu vernachlässigen. Am 11. April 1918 erlag er einer Infektionskrankheit. Er wurde in der von ihm selbst entworfenen Familiengruft auf dem Hietzinger Friedhof beigesetzt.

Foto Seite 68

Otto Weininger

* 3. 4. 1880 Wien, † 4. 10. 1903 ebd.

Evangelischer Friedhof Matzleinsdorf, Gruppe 14, Nr. 126

Über die letzten Dinge

Nach einer Italienreise verbringt der 23jährige Otto Weininger fünf Tage im Hause seiner Eltern. Der Vater konstatiert an seinem Sohn eine auffallende Niedergeschlagenheit. Am Abend des 3. Oktober zieht sich Otto Weininger in sein Mietzimmer im Sterbehaus seines Idols ➤ Beethoven, Schwarzspanierstraße 15, zurück und schießt sich eine Kugel ins Herz. Am darauffolgenden Morgen findet man den Schwerverletzten und bringt ihn ins Allgemeine Krankenhaus, wo er um etwa zehn Uhr verstirbt.

In seinem Testament hält er u. a. fest, dass er seinem Buchhändler Leo Hescheles 25 Kronen schulde und dass Exemplare seines im selben Jahr erschienenen Buches *Geschlecht und Charakter* an Knut Hamsun, Maxim Gorki, Jakob Wassermann und einige andere zu schicken seien. Die sterblichen Überreste des jungen Philosophen werden auf dem Matzleinsdorfer Friedhof beigesetzt. ➤ Karl Kraus, Stefan Zweig und der erst 14jährige Ludwig Wittgenstein sind unter den Trauergästen; August Strindberg schickt eine Krone, die Karl Kraus auf dem Grab deponiert.

In der „Fackel" erscheinen Nachrufe von Strindberg und dem Philosophen Friedrich Jodl, das Interesse an *Geschlecht und Charakter* steigt enorm. Die Todesumstände des Autors und der explosive Inhalt machen das Buch zu einem der größten Bestseller seiner Zeit. Sein abstruses und dennoch für einen großen Teil der Intelligenz anziehendes Gedankengebäude bringt dem frühreifen „Genie" eine prominente Fangemeinde ein: Karl Kraus, Elias Canetti, Ludwig Wittgenstein, ➤ Heimito von Doderer u. a. berufen sich ausdrücklich auf Weininger. Sein Weltbild, das Juden und Frauen in einer Überspitzung idealistischer Begrifflichkeit jeglichen „Geist" abspricht, traf den Nerv der Zeit. Der eklatante Antisemitismus des Juden Weininger behinderte nicht die weite Verbreitung seines Werks, im Gegenteil: viele Leser waren Juden.

Der Selbstmord des Autors schien vielen die letzte Konsequenz aus seiner „Lehre" zu sein: Mit ihm hatte sich der „Geist" von seiner sterblichen und verführbaren Hülle befreit.

Foto Seite 69

Paula Wessely

* 20. 1. 1907 Wien, † 18. 5. 2000 ebd.

Friedhof Grinzing, Gruppe 6, Reihe 3, Nr. 3

Seelengesangskunst

Thomas Mann notierte einmal über Paula Wessely: „Sie hält einen Platz in der kleinen Galerie der Frauen, die mir, meist ohne es zu wissen, das Herz bewegt haben." Auch ihm, dem Patriarchen, dürfte nahe gegangen sein, was sich als Kern der schauspielerischen Persönlichkeit „der Wessely" erweisen sollte: Ihre Charaktere waren die Dulderinnen, die enttäuschten und getäuschten Frauen.

Die Karriere der Nichte der Burgschauspielerin Josephine Wessely begann 1924 am Deutschen Volkstheater in Wien. Der große Durchbruch kam mit Gerhart Hauptmanns *Rose Bernd* unter Max Reinhardt am Deutschen Theater in Berlin (1932). In Reinhardts legendärer *Faust*-Inszenierung bei den Salzburger Festspielen 1936 war sie das Gretchen. Obwohl die Bühne immer ihr eigentliches Zuhause blieb, feierte sie auch im Tonfilm große Erfolge. Bereits ihr erster Film, *Maskerade* von Willi Forst (1934), machte sie berühmt und in der Folge zu einem der gesuchtesten Filmstars der dreißiger und vierziger Jahre. Ihre Mitwirkung in dem Propagandastreifen *Heimkehr* (1941) hat sie später bereut. Von 1953-1985 war sie Mitglied des Burgtheaters, wo sie alle großen Frauenrollen spielte. Der unnachahmliche „Wessely-Sound", die verhaltene Magie ihrer Stimme rissen Publikum und Kritik zu Begeisterungsstürmen hin. Ein Kritiker stellte treffend fest: „Sie nahm ihr Gefühl nach innen. Auch wenn sie sprach, enthüllte sie sich nicht ..."

Nach dem Tod ihres Mannes zog sich Paula Wessely in ihre Grinzinger Villa zurück und trat kaum noch in Erscheinung. Ihre Töchter Elisabeth, Christiane und Maresa hatten mittlerweile erfolgreich ihr Erbe angetreten. Am 18. Mai 2000 verstarb die Doyenne des Burgtheaters. Auf die traditionelle Trauerfeier, bei der das verstorbene Mitglied um das Theater getragen wird, verzichtete sie per testamentarischer Verfügung. Paula Wessely, die vielleicht „bedeutendste Bühnenkünstlerin dieses Jahrhunderts", so der Wiener Kulturstadtrat Peter Marboe, wurde auf dem Grinzinger Friedhof neben ihrem Gatten Attila Hörbiger beigesetzt.

Friedhofsbesuche sind die nützlichsten
sie dienen wie nichts der Belehrung
und der Beruhigung
nirgendwo sonst kann sich ein heute
doch überall gestörter Kopf
konzentrieren

Thomas Bernhard, *Heldenplatz*

Peter Altenberg

eigtl. Richard Engländer, * 9. 3. 1859 Wien, † 8. 1. 1919 ebd.

Zentralfriedhof, Ehrengräber
Gruppe 0, Reihe 1, Nr. 84

Ludwig van Beethoven

* 17. 12. 1770 Bonn (Taufe), † 26. 3. 1827 Wien

Zentralfriedhof, Ehrengräber
Gruppe 32 A, Nr. 29

Alban Berg

* 9. 2. 1885 Wien, † 24. 12. 1935 ebd.

Friedhof Hietzing
Gruppe 49, Nr. 24 F

Thomas Bernhard

* 9. 2. 1931 Heerlen, NL, † 12. 2. 1989 Gmunden

Friedhof Grinzing
Gruppe 21, Reihe 6, Nr. 1

Johannes Brahms

* 7. 5. 1833 Hamburg, † 3. 4. 1897 Wien

Zentralfriedhof, Ehrengräber
Gruppe 32 A, Nr. 26

Heimito von Doderer

* 5. 9. 1896 Weidlingau bei Wien, † 23. 12. 1966 Wien

Grinzinger Friedhof
Gruppe 10, Reihe 2, Nr. 1

Franz Grillparzer

* 15. 1. 1791 Wien, † 21. 1. 1872 ebd.

Friedhof Hietzing
Gruppe 13, Nr. 107

JUNGE RÖMER ★ JEANNY ★ ROCK ME AMADEUS ★ F THE DARK

Falco

eigtl. Hans Hölzel, * 19. 2. 1956 Wien, † 6. 2. 1998 Puerto Plata

Zentralfriedhof
Gruppe 40, Nr. 64

Theodor Herzl

* 2. 5. 1860 Budapest, † 3. 7. 1904 Edlach

Friedhof Döbling
Gruppe II, Reihe G 2, Nr. 30

Hugo von Hofmannsthal

* 1. 2. 1874 Wien, † 15. 7. 1929 Rodaun

Friedhof Kalksburg
Gruppe 1, Reihe 1, Nr. 49

Ödön von Horváth

* 9. 12. 1901 Fiume/Rijeka, † 1. 6. 1938 Paris

Friedhof Heiligenstadt
Abt. A, Gruppe M, Nr. 4

Gustav Klimt

* 14. 7. 1862 Wien, † 6. 2. 1918 ebd.

Friedhof Hietzing
Gruppe 5, Nr. 194

Karl Kraus

* 28. 4. 1874 Gitschin/Jičín, † 12. 6. 1936 Wien

Zentralfriedhof
Gruppe 5 A, Reihe 1, Nr. 33

Adolf Loos

* 10. 12. 1870 Brünn/Brno, † 23. 8. 1933 Wien

Zentralfriedhof, Ehrengräber
Gruppe 0, Reihe 1, Nr. 105

Gustav Mahler

* 7. 7. 1860 Kalischt/Kalište, † 18. 5. 1911 Wien

Friedhof Grinzing
Gruppe 6, Reihe 7, Nr. 1

Alma Mahler-Werfel

* 31. 8. 1879 Wien, † 11. 12. 1964 New York

Friedhof Grinzing
Gruppe 6, Reihe 6, Nr. 7

Hans Moser

eigtl. Jean Julier, * 6. 8. 1880 Wien, † 19. 6. 1964 ebd.

Zentralfriedhof, Ehrengräber
Gruppe 32 C, Nr. 27

Johann Nestroy

* 7. 12. 1801 Wien, † 25. 5. 1862 Graz

Zentralfriedhof, Ehrengräber
Gruppe 32 A, Nr. 6

Friedhof St. Marx

Wolfgang Amadeus Mozart

* 27. 1. 1756 Salzburg, † 5. 12. 1791 Wien

Zentralfriedhof, Ehrengräber
Gruppe 32 A, Nr. 55

Helmut Qualtinger

* 8. 10. 1928 Wien, † 29. 9. 1986 ebd.

Zentralfriedhof
Gruppe 33 G, Nr. 73

Egon Schiele

* 12. 6. 1890 Tulln, † 31. 10. 1918 Wien

Friedhof Ober-St. Veit
Gruppe B, Reihe 10, Nr. 15

Arthur Schnitzler

* 15. 5. 1862 Wien, † 21. 10. 1931 ebd.

Zentralfriedhof
Isr. Abt., Gruppe 6, Reihe 0, Nr. 4

Arnold Schönberg

* 13. 9. 1874 Wien, † 13. 7. 1951 Los Angeles

Zentralfriedhof, Ehrengräber
Gruppe 32 C, Nr. 21A

Franz Schubert

* 31. 1. 1797 Wien, † 19. 11. 1828 ebd.

Zentralfriedhof, Ehrengräber
Gruppe 32 A, Nr. 28

Johann Strauß Sohn

* 25. 10. 1825 Wien, † 3. 6. 1899 ebd.

Zentralfriedhof, Ehrengräber
Gruppe 32 A, Nr. 27

Otto Wagner

* 13. 7. 1841 Wien, † 11. 4. 1918 ebd.

Friedhof Hietzing
Gruppe 13, Nr. 131

Otto Weininger

* 3. 4. 1880 Wien, † 4. 10. 1903 ebd.

Evangelischer Friedhof Matzleinsdorf
Gruppe 14, Nr. 126

Öffnungszeiten: Jänner – Februar und November – Dezember 8–17 Uhr, März – April und September – Oktober 7–18 Uhr, Mai – August 7–19 Uhr; 1. und 2. November 7–18 Uhr.
Die Nebentore werden jeweils eine Stunde früher geschlossen bzw. später geöffnet.
Auskunft gibt die MA 43-Städtische Friedhofsverwaltung, Werdertorgasse 6, A-1010 Wien
Tel.: +43-1-534 69-0
E-Mail: post@m43.magwien.gv.at
http://www.wien.gv.at/ma43/verwalt.htm

ZENTRALFRIEDHOF

XI., Simmeringer Hauptstraße 232-244
Straßenbahnlinie 71, Haupteingang Tor 2
Der Zentralfriedhof verfügt über eine eigene Autobuslinie.
Tel.: +43-1-760 41-97803

Die Ehrengräber

Ehrengräber Gruppe 0

(links vom Haupttor an der Friedhofsmauer)

Reihe 1, Nr. 3

Heinrich Joseph Collin (1771-1811)

Schriftsteller; verfasste klassizistische Dramen und patriotische Lyrik. Zu seinem Drama *Coriolan* (1802) komponierte Beethoven die *Coriolan-Ouvertüre* (1807).

Reihe 1, Nr. 5

Michael Viszánik (1792-1872)

Arzt; hatte wesentlichen Anteil an der Reform der österreichischen Psychiatrie, indem er die Zellenhaft abschaffte und den berüchtigten „Narrenturm" durch eine neue Station für Geisteskranke ersetzte.

Reihe 1, Nr. 6

Johann Nepomuk Vogl (1802-1866)

Schriftsteller; Balladendichter der Wiener Spätromantik, erster Herausgeber der Werke Ferdinand Raimunds.

Reihe 1, Nr. 8

Johann Baptist Edler von Lampi (1751-1830)

Maler; führender Porträtist seiner Zeit, malte u. a. die Zarin Katharina II. und Kaiser Joseph II.

Reihe 1, Nr. 10

Johann Gabriel Seidl (1804-1875)

Schriftsteller; Verfasser des Textes der alten österreichischen Kaiserhymne *Gott erhalte*.

Reihe 1, Nr. 16

Jaromir Freiherr von Mundy (1822-1894)

Arzt; gilt als einer der Begründer des modernen Rettungswesens. Mitbegründer der „Freiwilligen Rettungsgesellschaft" in Wien.

Reihe 1, Nr. 18

Ignaz Franz Castelli (1781-1862)

Schriftsteller; Verfasser erfolgreicher, künstlerisch wenig bedeutsamer Theaterstücke im Wiener Humor. Gründer des Österreichischen Tierschutzvereins (1847). Ehrenbürger von Wien. Vom Hütteldorfer Ortsfriedhof überführt.

Reihe 1, Nr. 21

Joseph Weigl (1766-1846)

Komponist; Schüler Albrechtsbergers und Salieris, stach 1827 Schubert bei der Bewerbung um das Amt des Vizehofkapellmeisters aus. Vom Währinger Ortsfriedhof überführt.

Reihe 1, Nr. 27

Karoline Pichler (1769-1843)

Schriftstellerin; *Denkwürdigkeiten aus meinem Leben* (1844). Empfing in ihrem Salon u. a. Franz Grillparzer, die Gebrüder Schlegel und Nikolaus Lenau. Vom Währinger Ortsfriedhof überführt.

Reihe 1, Nr. 36

Josef Mayseder (1789-1863)

Violinvirtuose und Komponist; galt als Wunderkind. Erste Auftritte mit elf Jahren. Interpret Haydns, Mozarts und Beethovens. Vom Währinger Ortsfriedhof überführt.

Reihe 1, Nr. 44

Johann Julius Romano, Ritter von Ringe (1818-1882)

Architekt; Vertreter des romantischen Historismus, Partner von August Schwendenwein Ritter von Lonauberg. Erbaute u. a. das Palais Metternich und das Palais Dumba.

Reihe 1, Nr. 49

Carl Czerny (1791-1857)

Musikpädagoge und Komponist; bereits im zarten Alter von 15 einer der gefragtesten Klavierlehrer Wiens, u. a. für Franz Liszt. Bis heute behauptet hat sich seine *Schule der Geläufigkeit.* Vom Währinger Ortsfriedhof überführt.

Reihe 1, Nr. 54

Antonio Salieri (1750-1825)

Komponist; „musikalischer Papst" Wiens zur Zeit des Wiener Kongresses, Lehrer Beethovens, Schuberts und Liszts. Komponierte ca. 40 Opern, teils im Stile der Opera seria, teils in Anlehnung an die Glucksche Opernreform.

Reihe 1, Nr. 63 A

Franz Haydinger (1797-1876)

Gastwirt; einer der ersten Viennensia-Sammler. Seine Sammlung umfasste bei seinem Tod 12 000 Exponate zur Geschichte des deutschen Theaters, zur Reformation und Gegenreformation u. a. (Heute im Besitz der Stadtbibliothek Wien).

Reihe 1, Nr. 84

Peter Altenberg (eigtl. Richard Engländer; 1859-1919)

Schriftsteller; s. S. 10

Reihe 1, Nr. 100

Friedrich Halm (eigtl. Eligius Franz Joseph Freiherr von Münch-Bellinghausen; 1806-1871)

Schriftsteller; schärfster Konkurrent Franz Grillparzers. Einer der beliebtesten Theaterautoren seiner Zeit. Vom Hütteldorfer Ortsfriedhof überführt.

Reihe 1, Nr. 104

Berthold Viertel (1885-1953)

Schriftsteller und Dramaturg; Lyrik, Epik und Drama. Im Spätwerk Auseinandersetzung mit dem Faschismus. Während der NS-Zeit Emigration, 1947 Rückkehr nach Wien.

Reihe 1, Nr. 105

Adolf Loos (1870-1933)

Architekt und Kritiker; s. S. 24

Ehrengräber Gruppe 14 A

(Hauptallee rechts, auf halber Höhe zwischen Haupttor und Dr. Karl Lueger-Gedächtniskirche)

Nr. 1

Ludwig Anzengruber (1839-1889)

Schriftsteller; letzter prominenter Vertreter des Wiener Volksstückes *(Der Pfarrer von Kirchfeld*, 1870; *Der Meineidbauer*, 1871).

Nr. 7

Theodor Billroth (1829-1894)

Arzt; bedeutendster Chirurg seiner Zeit. Seine Neuerungen auf dem Gebiet der Eingeweidechirurgie (1881 erste Magenresektion) waren wegweisend. Bis heute werden die von ihm begründeten Operationsmethoden „Billroth I" und „Billroth II" genannt.

Nr. 20

Theophil Eduard Freiherr von Hansen (1813-1891)

Architekt; einer der wichtigsten Gestalter der Wiener Ringstraße. Er plante und baute u. a. das Parlament, die Börse, das Heeresmuseum (Arsenal) und die Akademie der bildenden Künste.

Nr. 32

Hans Makart (1840-1884)

Maler; einer der gefragtesten Künstler des 19. Jahrhunderts; Professor für Historienmalerei an der Akademie der bildenden Künste. M. gestaltete gemeinsam mit Otto Wagner den berühmten Festzug zur silbernen Hochzeit von Franz Joseph I. und Elisabeth. Der nach ihm benannte „Makartstil" mit seinem auf Dekoration gerichteten Prunk beeinflusste Mode, Theater und Kunsthandwerk des Fin de Siècle.

Nr. 40

Eduard Charlemont (1848-1906)

Maler; schuf elegante Genrebilder und die drei großen Deckenbilder im Foyer des Burgtheaters.

Nr. 43

Peter Fendi (1796-1842)

Maler; einer der Hauptvertreter der Wiener Biedermeier-Malerei; Sitten- und Genrebilder, Porträts, Aquarelle. Vom Friedhof St. Marx überführt.

Nr. 44

Moritz Michael Daffinger (1790-1849)

Maler; bedeutendster Miniaturenmaler der 1. Hälfte des 19. Jahrhunderts; schuf mehr als 1 000 Miniaturporträts und über 500 Blumenaquarelle. Vom Friedhof St. Marx überführt.

Nr. 45 A

Josef Georg Kornhäusel (1782-1860)

Architekt; baute konsequent im klassizistischen Stil, u. a. errichtete er den neuen Teil des Schottenstifts, die Synagoge in der Seitenstettengasse, den „Kornhäuselturm" und Teile des Theaters in der Josefstadt. Vom Friedhof St. Marx überführt.

Nr. 46 A

Peter von Nobile (1774-1854)

Architekt; schuf das äußere Burgtor und den Theseustempel im Volksgarten. Vom Friedhof St. Marx überführt.

Nr. 48

Camillo Sitte (1843-1903)

Stadtplaner und Architekt; gilt als einer der Begründer des modernen Städtebaus. Sein Werk *Der Städtebau nach seinen künstlerischen Grundsätzen* erschien 1889. Gegner Otto Wagners.

Nr. 52

Rudolf Ritter von Alt (1812-1905)

Maler; Sohn des Malers Jakob Alt; schuf über 1 000 Aquarelle, vor allem Stadt- und Landschaftsansichten. Für seine Malweise („Pinselstriche aus Luft und Licht") wurde der Begriff des „Stimmungsimpressionismus" geprägt.

Nr. 54

Friedrich Freiherr von Schmidt (1825-1891)

Architekt; gilt als einer der führenden Vertreter des Wiener Historismus. Vorwiegend neugotische Sakral- und Profanbauten (Rathaus, Maria vom Siege u. a.).

Ehrengräber Gruppe 14 C

(rechts vor der Dr. Karl Lueger-Gedächtniskirche)

Nr. 1

Ludwig Boltzmann (1844-1906)

Physiker; zählt zu den bedeutendsten Naturwissenschaftlern Österreichs. Gilt als

Pionier der Atomtheorie. Vom Alten Döblinger Friedhof überführt.

Nr. 6

Anton Wildgans (1881-1932)

Schriftsteller; Lyriker und Dramatiker, anfangs Naturalist, dann Realist und schließlich Expressionist; 1921-1922 und 1930-1931 Direktor des Burgtheaters. *Rede über Österreich* (1930).

Nr. 7

Ignaz Seipel (1876-1932)

Politiker; christlich-sozialer Bundeskanzler 1922-1924 und 1926-1929. Der „Prälat ohne Milde" strebte das autoritäre Ständestaat-System an.

Nr. 16

Hans Pfitzner (1869-1949)

Komponist; schuf von Wagner und Brahms beeinflusste spätromantische Opern *(Palestrina,* 1917), Lieder, Chorwerke u. a.

Nr. 20

Josef Hoffmann (1870-1956)

Architekt; Schüler Otto Wagners, gründete mit Kolo Moser den Österreichischen Werkbund (1912) und die Wiener Werkstätte (1903). Er baute u. a. das Sanatorium Purkersdorf und in Brüssel das Palais Stoclet.

Nr. 21 A

Julius Raab (1891-1964)

Politiker; Bundeskanzler 1953-1961; in seine Amtszeit fällt der Abschluss des Staatsvertrages. 1945 Mitbegründer der Österreichischen Volkspartei.

Nr. 22

Leopold Figl (1902-1965)

Politiker; während des Zweiten Weltkrieges mehrere Jahre im KZ, Bundeskanzler 1945-1953, Außenminister 1953-1959 (hat für Österreich den Staatsvertrag unterzeichnet). Mitbegründer der Österreichischen Volkspartei.

Ehrengräber Gruppe 32 A

(Hauptallee links, auf halber Höhe zwischen Haupttor und Dr. Karl Lueger-Gedächtniskirche)

Nr. 1

Eduard von Bauernfeld (1802-1890)

Schriftsteller; Hausdichter des Burgtheaters, mehr als 1 000 Aufführungen. Befreundet mit Schubert, Schwind, Grillparzer, Lenau u. a.

Nr. 5

Eduard van der Nüll (1812-1868)

Architekt; gemeinsam mit seinem Partner Sicard von Sicardsburg einer der Hauptvertreter des Historismus. Die öffentliche Kritik an ihrem gemeinsamen

Projekt, der Wiener Staatsoper, trieb van der Nüll in den Freitod. Vom Währinger Ortsfriedhof überführt.

Nr. 6

Johann Nestroy (1801-1862)

Schriftsteller; s. S. 29. Vom Währinger Ortsfriedhof überführt.

Nr. 10

Hugo Wolf (1860-1903)

Komponist; einer der bedeutendsten Liedkomponisten des 19. Jahrhunderts; leidenschaftlicher Anhänger Richard Wagners, Gegner von Johannes Brahms. Nahm in seinen spätromantischen Liedern große Rücksicht auf die Sprachführung des Textes. Starb in geistiger Umnachtung.

Nr. 15

Johann Strauß Vater (1804-1849)

Komponist und Kapellmeister; Ahnherr der Strauß-Dynastie, machte gemeinsam mit Josef Lanner den Walzer salonfähig und zum in der Folge beliebtesten Gesellschaftstanz. Von seinen über 250 Werken (Walzer, Quadrillen, Märsche) überlebte vor allem der *Radetzkymarsch,* der zur heimlichen Hymne der k.u.k. Monarchie wurde. Vom Alten Döblinger Friedhof überführt.

Nr. 16

Josef Lanner (1801-1843)

Komponist und Kapellmeister; entwickelte gemeinsam mit Johann Strauß Vater die spezifische Form des Wiener Walzers mit Introduktion und Finale. Vom Alten Döblinger Friedhof überführt.

Nr. 20

Charlotte Wolter (1834-1897)

Schauspielerin; eine der berühmtesten Tragödinnen des 19. Jahrhunderts. Ihre Laufbahn ist eng mit dem Wiener Burgtheater verbunden. Der „Wolter-Schrei" machte Theatergeschichte. Grabdenkmal von Viktor Tilgner. Vom Friedhof Hietzing überführt.

Nr. 23

Alois Negrelli Ritter von Moldelbe (1799-1858)

Techniker; einer der bedeutendsten Verkehrstechniker der Donaumonarchie. Von ihm stammen die Entwurfspläne zum Suezkanal. Vom Friedhof St. Marx überführt.

Nr. 24

Carl Ritter von Ghega (1802-1860)

Techniker; Verkehrstechniker, v. a. Straßen-, Brücken- und Eisenbahnbau. Planung und Bau der Semmeringbahn, die als technische Wunderleistung galt. Vom Währinger Allgemeinen Friedhof überführt.

Nr. 25

Nikolaus Dumba (1830-1900)

Industrieller; erlangte als Kunstmäzen Bedeutung. Das Palais Dumba wurde von

Romano von Ringe erbaut und von Makart und Klimt ausgeschmückt. Grabdenkmal von Edmund Hellmer.

Nr. 26

Johannes Brahms (1833-1897)

Komponist; s. S. 14

Nr. 27

Johann Strauß Sohn (1825-1899)

Komponist; s. S. 36

Nr. 28

Franz Schubert (1797-1828)

Komponist; s. S. 34. Vom Währinger Ortsfriedhof überführt.

Nr. 29

Ludwig van Beethoven (1770-1827)

Komponist; s. S. 11. Vom Währinger Ortsfriedhof überführt.

Nr. 30

Johann Andreas Streicher (1761-1833)

Klavierfabrikant und Pianist; entwickelte die „Wiener Mechanik" des Hammerklaviers, bei der der Hammerschlag auf die Saiten von oben erfolgt. V. a. Mozart und Beethoven schätzten diese Methode. Vom Friedhof St. Marx überführt.

Nr. 31

Franz von Suppé (eigtl. Francesco Ezechiele Ermenegildo Cavaliere Suppè Demelli; 1819-1895)

Komponist; hatte mit seiner Operette *Das Pensionat* (Urauff. 1860) großen Anteil am Siegeszug der „leichten Muse". S.s Œuvre umfasst 31 Operetten, u. a. *Leichte Kavallerie* (1866), *Boccaccio* (1879).

Nr. 33

Carl Freiherr von Hasenauer (1833-1894)

Architekt; Schüler Sicardsburgs und van der Nülls, Hauptvertreter des neobarocken Späthistorismus. Seine Bauten (u. a. Burgtheater, Kunst- und Naturhistorisches Museum) sind vor allem Gottfried Semper verpflichtet. Vom Evangelischen Friedhof Matzleinsdorf überführt.

Nr. 34

Friedrich Hebbel (1813-1863)

Schriftsteller; geboren in Wesselburen (Holstein), lebte ab 1845 vorwiegend in Wien. Gilt als der größte deutsche Dramatiker des 19. Jahrhunderts. Seine bürgerlichen Trauerspiele beschäftigen sich mit aktuellen Problematiken *(Maria Magdalena, Agnes Bernauer)*. Vom Evangelischen Friedhof Matzleinsdorf überführt. Mit ihm wurde seine Gattin, die Burgschauspielerin **Christine Enghaus** (1817–1910), bestattet.

Nr. 35

Carl Joseph Millöcker (1842-1899)

Komponist; bildete mit Suppé und Strauß Sohn das Dreigestirn der „klassischen" Ära der Wiener Operette *(Gräfin Dubarry, Der Bettelstudent* u. a.). Vom Friedhof Baden b. Wien überführt.

Nr. 40

Hermann Helmer (1849-1919)

Architekt; entwarf in Arbeitsgemeinschaft mit Ferdinand Fellner d. J. insgesamt 48 Theaterbauten. In Wien stammen von ihnen u. a. das Wiener Stadttheater (nach dem Brand 1884 umgewandelt zum Etablissement Ronacher), das Volkstheater, das Konzerthaus (gem. mit Ludwig Baumann) und der Margaretenhof.

Nr. 42

Eduard Strauß (1835-1916)

Komponist; jüngster Sohn von Johann Strauß Vater, gründete 1870 ein eigenes Orchester und leitete später mit seinem Bruder Johann die Strauß'sche Kapelle. Gilt als am wenigsten eigenständiges Talent der Dynastie. Über 300 Tänze und Walzer.

Nr. 44

Josef Strauß (1827-1870)

Komponist; zweitältester Sohn von Johann Strauß Vater, betätigte sich erst als Architekt und Erfinder, bevor er ab 1862 seinen Bruder Johann gelegentlich als Kapellmeister vertrat. Er schuf ca. 250 Kompositionen vorwiegend lyrisch-romantischen Charakters. Vom Friedhof St. Marx überführt.

Nr. 45 A

Therese Krones (1801-1830)

Schauspielerin und Soubrette; gilt als bedeutendste Schauspielerin des Altwiener Volkstheaters. Raimund schrieb ihr die Rolle der „Jugend" *(Der Bauer als Millionär)* auf den Leib. Vom Friedhof St. Marx überführt.

Nr. 49

Christoph Willibald Ritter von Gluck (1714-1787)

Komponist; Reformer der ernsten Oper. Der konventionellen italienischen und französischen Oper mit Belcanto- bzw. Balletteinlagen stellte er die Forderung nach dramatischer und psychologischer Wahrheit entgegen *(Orfeo ed Euridice,* 1862; *Paride ed Elena,* 1770). Übte großen Einfluss auf Komponisten von Salieri bis Wagner aus. Vom Währinger Ortsfriedhof überführt.

Nr. 52

Eugen Ritter von Böhm-Bawerk (1851-1914)

Nationalökonom, Politiker; Mitbegründer der österreichischen Schule der Nationalökonomie. Sein Konterfei ziert die 100-Schilling-Note.

Nr. 55

Wolfgang Amadeus Mozart (1756-1791)

Komponist; s. S. 28. Das eigentliche Grab befindet sich auf dem Friedhof St. Marx.

Ehrengräber Gruppe 32 C

(rechts vor der Dr. Karl Lueger-Gedächtniskirche)

Nr. 1

Carl Michael Ziehrer (1843-1922)

Komponist und Militärkapellmeister; feierte als vierter und letzter Hofballmusikdirektor mit seiner Kapelle, den „Hoch- und Deutschmeistern", spektakuläre Erfolge (22 Operetten, ca. 600 Tänze und Märsche).

Nr. 3

Hugo Wittmann (1839-1923)

Schriftsteller; glänzender Feuilletonist, v. a. für die „Neue Freie Presse", schrieb auch Operettenlibretti für Johann Strauß und Millöcker.

Nr. 10

Max Devrient (1857-1929)

Schauspieler; Spross einer deutschen Schauspielerdynastie, brillierte ab 1882 im Burgtheater, v. a. als Caesar, Wallenstein und Mephisto.

Nr. 21 A

Arnold Schönberg (1874-1951)

Komponist; s. S. 33

Nr. 21 B

Bruno Kreisky (1911-1990)

Politiker; Bundeskanzler von 1970-1983, schuf in seiner Amtszeit ein Klima der Toleranz und Aufgeschlossenheit. Verbrachte die Zeit des Nationalsozialismus im schwedischen Exil.

Nr. 22

Werner Krauß (1884-1959)

Schauspieler; Burgtheaterstar von 1933-1944 und ab 1948; spielte in zahlreichen Filmen mit (u. a. *Burgtheater*, 1936, aber auch in dem NS-Propagandastreifen *Jud Süß*, 1940).

Nr. 23

Albin Skoda (1909-1961)

Schauspieler; eines der wichtigsten Ensemblemitglieder des Nachkriegs-Burgtheaters. Berühmt für seine Stimme.

Nr. 24

Robert Stolz (1880-1975)

Komponist; verhalf der Wiener Operette zu ihrem letzten großen Aufschwung. Komponierte rund 60 Operetten und Ballette *(Venus in Seide, Frühling im Prater)*, ca. 100 Filmmusiken und 2000 Lieder, Walzer und Märsche. Zu seinen berühmtesten Liedern zählt *Im Prater blüh'n wieder die Bäume.*

Nr. 25

Franz Karl Ginzkey (1871-1963)

Schriftsteller; großen Erfolg hatten seine Kinderbücher *(Hatschi Bratschis Luftballon,* 1904).

Nr. 27

Hans Moser (eigtl. Jean Julier, 1880-1964)

Schauspieler; s. S. 27

Nr. 28

Ludwig Anton Gruber (1874-1964)

Komponist; schrieb Filmmusiken, Operetten und mehr als 2000 Wienerlieder, u. a. die Klassiker *Mei Muatterl war a Weanerin* und *Es wird ein Wein sein.*

Nr. 32

Fritz Wotruba (1907-1975)

Bildhauer; bedeutendster österreichischer Bildhauer des 20. Jahrhunderts, bekannt für seinen kubischen Stil (Dreifaltigkeitskirche in Wien-Mauer), lehrte ab 1945 an der Wiener Akademie der bildenden Künste. Von ihm stammt auch das Grabmal für Arnold Schönberg.

Nr. 34

Karl Farkas (1893-1971)

Schauspieler und Kabarettist; entwickelte in den zwanziger Jahren im Wiener „Simpl" gemeinsam mit Fritz Grünbaum die kabarettistische Doppelconférence; Regisseur und Drehbuchschreiber. Nach der Rückkehr aus der Emigration unbestrittener Publikumsliebling.

Nr. 35

Albert Paris Gütersloh (eigtl. Albert Konrad Kiehtreiber; 1887-1973)

Maler und Schriftsteller; als Maler Begründer der „Wiener Schule des Phantastischen Realismus". Freund und Lehrer Heimito von Doderers, bekannt mit R. Musil und H. v. Hofmannsthal; schrieb selber Romane *(Sonne und Mond)* und Essays *(Zur Modernen Kunst)*. Weiters Bühnenbildner, Schauspieler und Regisseur.

Nr. 38

Egon Joseph Wellesz (1885-1974)

Komponist; stand zunächst dem Kreis um Arnold Schönberg nahe; fand nach 1945 zu einem eigenen Kompositionsstil. Starb in Großbritannien, wohin er 1938 emigrieren musste.

Nr. 39

Franz Werfel (1890-1945)

Schriftsteller; anfangs Wortführer der Expressionisten; ekstatisch-visionäre Lyrik *(Der Weltfreund,* 1912). Im Spätwerk Hinwendung zu religiösen und psychologischen Themen *(Der Tod eines Kleinbürgers,* 1927; *Die vierzig Tage des Musa Dagh,* 1933, u. a.). Starb in der Emigration in den USA. Seine Urne wurde 1975 auf den Zentralfriedhof überführt.

Nr. 40

Hans Swarowsky (1899-1975)

Dirigent; 1945-1947 Chefdirigent der Wiener Symphoniker, von 1946-1969 Professor an der Wiener Musikakademie. Zu seinen Schülern zählen u. a. Claudio Abbado, Zubin Mehta, Giuseppe Sinopoli.

Nr. 42

Paula von Preradovič (1887-1951)

Schriftstellerin; schrieb meist religiös geprägte Lyrik und Prosa. Ihr Text *Land der Berge* wurde 1947 anlässlich eines Wettbewerbes zur neuen österreichischen Bundeshymne gewählt.

Nr. 45

Hilde Konetzni (1905-1980)

Opernsängerin; glänzte als weltberühmte Sopranistin vor allem in Strauss- und Wagneropern.

Nr. 46

Theo Lingen (eigtl. Franz Theodor Schmitz; 1903-1978)

Schauspieler; in mehr als 200 Filmen meist der devote, unnachahmlich näselnde Diener. Häufig Partner von Hans Moser. Seit 1948 auch Charakterdarsteller am Burgtheater.

Nr. 47

Alma Seidler (1899-1977)

Schauspielerin; eine der bedeutendsten Burgschauspielerinnen ihrer Zeit. Josef-Kainz-Medaille 1959.

Nr. 49

Lotte Lehmann (1888-1976)

Opernsängerin; eine der gefeiertsten Sopranistinnen der Zwischenkriegszeit, insbesondere als Strauss-Interpretin. Emigrierte 1938 in die USA. Bis 1945 Mitglied der Metropolitan Opera.

Nr. 52

Paul Hörbiger (1894-1981)

Schauspieler; einer der berühmtesten Wiener Volksschauspieler, wirkte in mehr als 300 Filmen mit, meist in Hauptrollen, oft als Partner von Hans Moser. Bühnenerfolge v. a. mit Raimund- und Nestroyrollen. 1926-1940 im Ensemble Max Reinhardts, 1943-1965 am Wiener Burgtheater. Bruder Attila Hörbigers.

Nr. 54

Curd Jürgens (1915-1982)

Schauspieler; internationaler Filmstar und Bühnenschauspieler (Wiener Volkstheater 1938-1941, Burgtheater 1941-1953 u. 1965), entdeckt von Willi Forst. Verkörperte wie kein anderer den Typ des smarten Liebhabers.

Nr. 55

Franz Theodor Csokor (1885-1969)

Schriftsteller; österreichischer Exponent des expressionistischen Dramas *(3. November 1918)*. Ging 1938 freiwillig ins Exil, 1946 Rückkehr nach Österreich, ab 1947 Präsident des PEN-Klubs. 1956 Großer Österr. Staatspreis.

Nr. 57

Hans Erich Apostel (1901-1972)

Komponist; Schüler Schönbergs und wichtiger Vertreter der Zweiten Generation der Neuen Wiener Schule. In seinen Werken der Zwölftonlehre verpflichtet.

Nr. 58

Max Mell (1882-1971)

Schriftsteller; verfasste von christlich-humanistischem Geist geprägte Dramen, Gedichte und Mysterienspiele *(Das Apostelspiel,* 1923; *Das Nachfolge-Christi-Spiel,* 1927).

Gräber bedeutender Persönlichkeiten

(Geordnet nach Gruppen)

Alte Arkaden links, Nr. 33

Eberhard Waechter (1929-1992)

Opernsänger; vielseitiger Bariton, Direktor der Wiener Volksoper (ab 1987), Co-Direktor der Wiener Staatsoper (1991/92).

Alte Arkaden rechts, Nr. 18

Philipp Haas (1791-1870)

Industrieller; begründete die Webindustrie in Österreich und vermochte die englischen Konkurrenzprodukte vom Inlandsmarkt zu verdrängen. Gründer des ersten Wiener Warenhauses am Stock-im-Eisen-Platz (1865-1867).

Kirchengruft, Nr. 6

Karl Lueger (1844-1910)

Politiker; der „schöne Karl", dem noch heute ein Platz, Denkmäler und ein Teil der Ringstraße gewidmet sind, war als Begründer der Christlichsozialen Partei und Wiener Bürgermeister (1897-1910) wesentlich an der Verschärfung des politischen Klimas zu Ungunsten der jüdischen Bevölkerung beteiligt. Verdienste schuf er sich durch die deutliche Verbesserung der Infrastruktur der Donaumetropole.

Gruppe 0, Reihe 0, Nr. 1

Jakob Zelzer (1802-1874)

Bürger; hinter der markanten Lage dieses Grabes verbirgt sich die erstbelegte Grabstätte des 1874 eröffneten Zentralfriedhofs.

Gruppe 1, Reihe 2, Nr. 5

Joseph Selleny (1824-1875)

Maler; malte vorwiegend Marine-Motive; Expeditionsmaler auf der Fregatte „Novara", welche von 1857-1859 die Welt umrundete. Entwurf des Parks von Schloss Miramare (Triest) und des Wiener Stadtparks.

Gruppe 4, Reihe 2, Nr. 16

Johann Nepomuk Hofzinser (1806-1875)

Zauberkünstler; hielt mit seinen Zaubersoiréen die Wiener Gesellschaft in Atem. Erfinder von mehr als 60 Kartentricks, die der Nachwelt aber nicht erhalten blieben, da alle Aufzeichnungen gemäß seinem Testament vernichtet wurden.

Gruppe 5 A, Reihe 1, Nr. 21/22

Antonie Wagner (1799-1879)

Lebensgefährtin von F. Raimund in den letzten 15 Jahren vor seinem Selbstmord. A. W. ist in Nr. 21 bestattet, Nr. 22 ist eine Gedenkstätte.

Gruppe 5 A, Reihe 1, Nr. 33

Karl Kraus (1874-1936)

Schriftsteller; s. S. 23.

Gruppe 11, Reihe 1, Nr. 52

Anton Kratky-Baschik (1821-1889)

Zauberkünstler; verblüffte das Publikum in seinem Zaubertheater im Wiener Wurstelprater mit seinen Kunststücken. Auf ihn nimmt H. v. Doderers Erzählung *Ein anderer Kratki-Baschik* Bezug.

Gruppe 11, Reihe 2, Nr. 49

Josef Kriehuber (1800-1876)

Maler; prominentester Porträtist des Wiener Biedermeier; rund 3 000 Lithographien.

Gruppe 12 B, Reihe 3, Nr. 11

Matthias Sindelar (1903-1939)

Fußballspieler; der „Papierene" galt als der beste Mittelstürmer Europas. Mitglied des „Wunderteams" aus der goldenen Zeit des österreichischen Fußballs.

Gruppe 12 D, Reihe 1, Nr. 23

Helene Odilon (eigtl. H. Petermann; 1865-1939)

Schauspielerin; von 1886-1888 Star des Berliner Hoftheaters, seit 1891 am Deutschen Volkstheater in Wien, spielte vor allem Salondamen und war für ihre privaten Skandale berüchtigt. 1903 beendete ein Schlaganfall ihre rasante Karriere. Erste Gattin Alexander Girardis, von dem sie nach fünfjähriger turbulenter Ehe geschieden wurde.

Gruppe 16 A, Reihe 7, Nr. 23

Ludwig Ritter von Köchel (1800-1877)

Musikschriftsteller; schuf das nach ihm benannte „Köchel-Verzeichnis" *(Chronologisch-thematisches Verzeichnis sämtlicher Tonwerke W. A. Mozarts,* 1862) der Werke Mozarts und damit die Grundlage für ihre historisch-kritische Gesamtausgabe. Das Köchel-Verzeichnis wurde 1947 von Alfred Einstein ergänzt und neu herausgegeben.

Gruppe 16 B, Reihe 5, Nr. 19

Georg Klimt (1867-1931)

Ziseleur; der Bruder Gustav Klimts schuf v. a. Goldschmiede- und Metalltreibarbeiten im Jugendstil.

Gruppe 17 B, Reihe 1, Nr. 10

Ludwig Bösendorfer (1835-1919)

Klavierbauer; führte die von seinem Vater gegründete Klavierfabrik zu Weltruhm und trat als Mäzen hervor (Bösendorfer-Saal im Wiener Musikverein, 1872).

Gruppe 18, Reihe 1, Nr. 9

Eduard Hanslick (1825-1904)

Musikforscher und -kritiker; einflussreicher Förderer von J. Brahms, Kritiker Wagners, Bruckners und Liszts *(Vom Musikalisch-Schönen,* 1854).

Gruppe 24, Reihe 5, Nr. 1

Viktor Adler (1852-1918)

Politiker; Führer der von ihm auf dem Hainburger Parteitag 1888/89 mitbegründeten Sozialdemokratischen Arbeiterpartei; Vordenker des Austromarxismus.

Gruppe 24, Reihe 5, Nr. 3

Otto Bauer (1881-1938)

Politiker; Führer der Sozialdemokratie während der Ersten Republik und einflussreichster Theoretiker des Austromarxismus. Flüchtete 1938 nach Paris, wo er starb. Seine Urne wurde 1948 nach Wien überführt.

Gruppe 24, Reihe 5, Nr. 4

Karl Seitz (1869-1950)

Politiker; Bürgermeister des kommunalpolitisch wegweisenden „Roten Wien" (1923-1934) und Staatsoberhaupt der Republik (1919-1920).

Gruppe 30 B, Reihe 1, Nr. 2

Theodor Kramer (1897-1958)

Schriftsteller; befasste sich in seiner Lyrik mit dem Schicksal von gesellschaftlichen Randfiguren *(Die Gaunerzinke,* 1929). 1938-1957 in Emigration in England.

Gruppe 31 B, Reihe 12, Nr. 10

Emmerich Kálmán (1882-1953)

Komponist; der gebürtige Ungar gilt neben Franz Lehár als wichtigster Vertreter der silbernen Ära der Wiener Operette; schuf folkloristisch beeinflusste Operetten *(Die Csárdásfürstin,* 1915; *Gräfin Mariza,* 1924). 1938-1949 in Emigration in den USA.

Gruppe 33 E, Reihe 9, Nr. 16

Alexander Girardi (1850-1918)

Schauspieler; begeisterte seit 1871 auf verschiedenen Wiener Bühnen das Publikum als Charakterkomiker (v. a. in Stücken von F. Raimund). Nach ihm wurde der „Girardihut" (ein flacher Strohhut mit gerader Krempe) benannt.

Gruppe 33 E, Reihe 16, Nr. 22

Gabriele Possanner Freiin von Ehrenthal (1860-1940)

Ärztin; Medizinstudium in der Schweiz; erste Frau, deren Universitätsstudium in Österreich anerkannt wurde.

Gruppe 33 F, Reihe 1, Nr. 1

Dominik Bauer (1841-1904)

Totengräber; erster städtischer Totengräber des Zentralfriedhofs.

Gruppe 33 G, Nr. 1

Ernst Krenek (1900-1991)

Komponist; Schüler Franz Schrekers. War in erster Ehe mit der Tochter Gustav Mahlers, Anna, verheiratet. In seinem Werk spiegelt sich die Musikentwicklung des 20. Jahrhunderts wider (Opern, Ballette, Chorwerke, Lieder, elektronische Musik). 1937 Emigration in die USA. K. starb in Palm Springs, Kalifornien.

Gruppe 33 G, Nr. 2

Hugo Wiener (1904-1993)

Komponist und Schriftsteller; schrieb Chansons (Text und Musik), u. a. gemeinsam mit Karl Farkas für die „Simpl"-Revuen, sowie über 400 Lieder und Satiren.

Gruppe 33 G, Nr. 3

Erwin Ringel (1921-1994)

Psychiater und Tiefenpsychologe; Begründer des Begriffs der „Österreichischen Seele" und der Suizidprophylaxe in Österreich (1948).

Gruppe 33 G, Nr. 4

Rudolf Hausner (1914-1995)

Maler; wichtiger Vertreter der von A. P. Gütersloh begründeten „Wiener Schule des Phantastischen Realismus". 1938 Ausstellungsverbot; Österreichischer Staatspreis für Malerei 1970.

Gruppe 33 G, Nr. 28

Margarete Schütte-Lihotzky (1897-2000)

Architektin, s. S. 35

Gruppe 33 G, Nr. 29

Ernst Jandl (1925-2000)

Schriftsteller, s. S. 21

Gruppe 33 G, Nr. 68

Max („Maxi") Böhm (1916-1982)

Schauspieler und Kabarettist; populärer Conférencier und Komödiant in Rundfunk und Fernsehen. 1957-1974 Auftritte im „Simpl" mit Karl Farkas und Ernst Waldbrunn.

Gruppe 33 G, Nr. 71

Alexander von Zemlinsky (1871-1942)

Komponist; Lehrer und Schwager Arnold Schönbergs, Lehrer Alma Mahler-Werfels. Von Mahler beeinflusste Kompositionen im Stil einer zwischen Spätromantik und Moderne stehenden Avantgarde. 1938 Emigration in die USA. Seine Urne wurde 1985 auf den Zentralfriedhof überführt.

Gruppe 33 G, Nr. 73

Helmut Qualtinger (1928-1986)

Schauspieler; s. S. 30

Gruppe 33 G, Nr. 74

Fritz Hochwälder (1911-1986)

Schriftsteller; bedeutender zeitgenössischer Dramatiker, emigrierte 1938 in die Schweiz, wo er 1986 in Zürich starb. Verfasser historischer Theaterstücke mit Aktualitätsbezug *(Das heilige Experiment,* 1947).

Gruppe 33 G, Nr. 79

Hans Weigel (1908-1991)

Schriftsteller; sein Werk umfasst Romane, Theaterstücke, Essays und Übersetzungen (Molière). W. förderte die junge Schriftstellergeneration durch Publikationsmöglichkeiten in seinen Anthologien *(Stimmen der Gegenwart,* 1951-1954). Einflussreicher Theaterkritiker. 1938-1945 Emigration in der Schweiz.

Gruppe 35 E, Reihe 5, Nr. 9

Ernst Juch (1838-1909)

Zeichner und Karikaturist; seine Angewohnheit, Karikaturen auf Postkarten an seine Freunde zu versenden, hat ihm den Ruf eingebracht, einer der Erfinder der Ansichtskarte zu sein.

Gruppe 40, Nr. 4

Joseph Binder (1898-1972)

Graphiker; seinem großen Talent als Werbegraphiker hat u. a. die Firma Meinl ihren „Meinl-Mohr" zu verdanken. Lebte ab 1933 in den USA und kehrte erst kurz vor seinem Tod nach Wien zurück.

Gruppe 40, Nr. 5

Hans Pemmer (1886-1972)

Heimatforscher; bewahrte den St. Marxer Friedhof vor der Auflassung und Einebnung. Der Biedermeierfriedhof mit seinen ca. 6 000 Gräbern steht heute unter Denkmalschutz.

Gruppe 40, Nr. 11

Oskar Maurus Fontana (1889-1969)

Schriftsteller; der dreisprachig aufgewachsene Offizier, Journalist, Schriftsteller und Kritiker begann mit neuromantischen und expressionistischen Bühnenwerken und wandte sich später der realistischen Prosa zu *(Hiob der Verschwender,* 1925; *Gefangene der Erde,* 1928)

Gruppe 40, Nr. 12

Otto Erich Deutsch (1883-1967)

Musikwissenschaftler; von ihm stammt das „Deutsch-Verzeichnis" (1951), das die Werke Schuberts dokumentiert und systematisiert. Mitarbeit an der Herausgabe der Originalausgaben Schuberts, Quellenforschung zu Beethoven, Mozart, Brahms und Haydn. Lebte von 1939 bis 1952 in England.

Gruppe 40, Nr. 21

Leon Epp (1905-1968)

Regisseur, Theaterdirektor; sorgte als Direktor des Wiener Volkstheaters (1952-1968) für einen ebenso abwechslungsreichen wie anspruchsvollen Spielplan und brach 1963 den Wiener „Brecht-Boykott".

Gruppe 40, Nr. 22

Hanns Jelinek (1901-1969)

Komponist; Schüler Schönbergs und Bergs, gemeinsam mit H. E. Apostel einer der wichtigsten Vertreter der zweiten Generation der Neuen Wiener Schule *(Das Zwölftonwerk,* 1947-1952; *Anleitung zur Zwölftonkomposition,* 1952-1958).

Gruppe 40, Nr. 30

Emmerich Zillner (1900-1971)

Komponist; schrieb in erster Linie Wienerlieder, u. a. den Klassiker *Es steht ein alter Nussbaum drauß't in Heilig'nstadt.*

Gruppe 40, Nr. 53

Greta Keller (1903-1977)

Sängerin; hatte seit Ende der zwanziger Jahre enormen Erfolg als Chansonsette.

Gruppe 40, Nr. 55

Ernst Waldbrunn (1907-1977)

Schauspieler und Kabarettist; berühmt als Partner von Karl Farkas bei den Doppelconférencen im „Simpl". Spielte u. a. im Theater in der Josefstadt sowie in zahlreichen Filmen. Rundfunk- und Fernsehtätigkeit.

Gruppe 40, Nr. 64

Falco (eigtl. Hans Hölzel; 1956-1998)

Sänger; s. S. 16.

Gruppe 40, Nr. 121

Kurt Nachmann (1915-1984)

Schauspieler und Schriftsteller; als Schauspieler bekannt für seinen jüdischen Witz; als Drehbuchautor äußerst gefragt, schrieb N. allein für Franz Antel über 50 Drehbücher, darunter *Oberst Redl, Der Bockerer.*

Gruppe 40, Nr. 122

Hugo Gottschlich (1905-1984)

Schauspieler; neben Alexander Girardi einer der größten und beliebtesten Komiker des Wiener Theaters (Volkstheater, Theater in der Josefstadt, Burgtheater ab 1955). Wirkte auch in zahlreichen Filmen mit.

Gruppe 40, Nr. 124

Lotte Lang (1900-1985)

Schauspielerin; berühmt als temperamentvolle Interpretin von Wiener Frauentypen (Volkstheater, Theater in der Josefstadt, Film).

Gruppe 40, Nr. 127

Blanche Aubry (1921-1986)

Schauspielerin; eine der originellsten und vielseitigsten Schauspielerinnen des Wiener Volks- und Burgtheaters; Rollen von Molière bis Ionesco.

Gruppe 40, Nr. 129

Herbert Eisenreich (1925-1986)

Schriftsteller; von expressivem Stil und psychologisch-moralischer Intention gekennzeichneter Erzähler, Lyriker, Essayist und Hörspielautor.

Gruppe 40, Nr. 132

Jean Améry (eigtl. Hans Mayer; 1912-1978)

Schriftsteller; vom Kampf für die Würde und Freiheit des Menschen geprägter Essayist und Apologet des Freitodes *(Hand an sich legen,* 1976), den er 1978 selbst beging. 1938 Flucht aus Wien nach Belgien, von 1943 bis 1945 im Konzentrationslager.

Gruppe 40, Nr. 135

Carl Merz (eigtl. C. Czell; 1906-1979)

Schriftsteller und Kabarettist; Pionier der Wiener Kleinkunstbühne (1933-1935), schrieb von 1945 bis 1947 für den „Lieben Augustin"; Co-Autor von H. Qualtinger *(Der Herr Karl)* und der Kabarettrevuen *Brettl vorm Kopf, Blattl vorm Mund, Glasl vorm Aug, Dachl überm Kopf, Hackl vorm Kreuz.*

Gruppe 40, Nr. 136

Ernst „Ossi" Ocwirk (1926-1980)

Fußballspieler; 63facher Nationalspieler, schon zu Lebzeiten eine Legende.

Gruppe 40, Nr. 147

Fatty George (eigtl. Franz Georg Pressler; 1927-1982)

Musiker; prominentester Vertreter der österreichischen Jazzszene nach dem Zweiten Weltkrieg; eröffnete 1955 das „Jazz-Casino", 1958 „Fatty's Saloon".

Gruppe 40, Nr. 153

Otto Basil (1901-1983)

Schriftsteller und Publizist; Gründer der Zeitschrift „Plan" (1937-1938; 1945-1948); intellektuelle, formbeherrschte Lyrik mit Tendenz zum Surrealismus; Übersetzungen aus dem Französischen.

Gruppe 40, Nr. 158

Heinz Fischer-Karwin (1915-1987)

Journalist; Kulturberichterstatter und Starreporter des österreichischen Rundfunks.

Gruppe 40, Nr. 161

György Sebestyén (1930-1990)

Schriftsteller und Journalist; 1956 aus Ungarn nach Österreich geflüchtet, wurde S. zur Kontaktperson für Intellektuelle aus dem Ostblock; Romane, Erzählungen, Fernsehdrehbücher, Übersetzungen.

Gruppe 40, Nr. 166

Hans Mayr (1926-1993)

Photograph; initiierte die Gründung des Museums moderner Kunst im Palais Liechtenstein und die Stiftung Ludwig.

Gruppe 40, Nr. 168

Kurt Meisel (1912-1994)

Schauspieler, Regisseur, Intendant; gefragter Charakterdarsteller für Bösewichts-Rollen von Shakespeare bis Bernhard.

Gruppe 40, Nr. 177

Hans-Peter Heinzl (1942-1996)

Kabarettist; Gründer des K. & K. Theaters am Naschmarkt, berühmt für seine Soloprogramme.

Gruppe 41 F, Reihe 12, Nr. 15

Anton Romako (1832-1889)

Maler; zu Lebzeiten weitgehend verkannt, nahm mit seiner Maltechnik und seinen Sujets den Expressionismus in der Malerei vorweg. Lebte über 20 Jahre in Rom.

Gruppe 43 E, Reihe 1, Nr. 26

Anton Ronacher (1841-1892)

Unternehmer; eröffnete 1888 das nach ihm benannte „Etablissement Ronacher", in dessen bald weltberühmten Tanzsaal und Varietétheater sich Militär und Wiener Bürgertum vergnügten, das er aber aus finanziellen Gründen zwei Jahre später wieder verkaufen musste.

Gruppe 46 E, Reihe 16, Nr. 3

Adalbert Pechan (1906-1960)

Verleger; Gründer der *Perlen-Reihe,* in der auch dieses nützliche Büchlein erscheint.

Gruppe 47 B, Reihe 11, Nr. 7

Eugen Ketterl (1859-1928)

Letzter Kammerdiener Kaiser Franz Josephs.

Gruppe 55 A, Nr. 13

Grete Wiesenthal (1885-1970)

Tänzerin, Choreographin; enwickelte einen auf dem Wiener Walzer basierenden neuen Tanzstil, der bald um die Welt ging. 1917 gründete sie eine eigene Tanzschule. Zusammenarbeit mit M. Reinhardt.

Gruppe 59 A, Reihe 1, Nr. 1-13

Heinrich Berté (eigentl. Heinrich Bettelheim; 1857-1924)

Komponist; schrieb das Singspiel *Das Dreimäderlhaus* (1916) nach Melodien von F. Schubert.

Gruppe 59 C, Gruft 26

Mercedes Jellinek (1889-1929)

Namensgeberin der Automarke „Mercedes". Die Idee des Vaters Emil J., Autos nach seinen Töchtern zu benennen, bewährte sich nur in ihrem Fall. Die „Maja-Automobile" (nach Mercedes' Schwester Maja) wurden bald vergessen.

Gruppe 84, Reihe 28, Nr. 21

Karl Julius Johann Maria van Beethoven (1870-1917)

Journalist; letzter Verwandter L. van Beethovens. Mit ihm begraben ist **Marie van Beethoven,** die Großnichte des Komponisten.

Israelitische Abteilung

(Tor 1)

Gruppe 5 B, Reihe 1, Nr. 1

Salomon Sulzer (1804-1890)

Kantor und Komponist; reformierte als Oberkantor der jüdischen Gemeinde Wiens mit dem *Schir Zion (Lied Zion,* 1838) die Liturgie. 1848 wegen angeblicher revolutionärer Umtriebe zum Tode verurteilt, letztendlich jedoch begnadigt. Der mit Franz Liszt, Robert Schumann und Franz Schubert befreundete S. vertonte u. a. Lenaus *Schilflieder* und initiierte den „Akademischen Gesangsverein".

Gruppe 5 B, Reihe 1, Nr. 2

Adolf Jellinek (1821-1893)

Oberrabbiner und Orientalist; Mitbegründer der Deutsch-morgenländischen Gesellschaft; ab 1842 in Leipzig tätig, wo er seinen Ruf als Prediger auch in nichtjüdischen Kreisen festigte. Ab 1857 Prediger im Leopoldstädter Tempel und im Tempel in der Seitenstettengasse. Gründer der „Israelitischen Allianz".

Gruppe 5 B, Reihe 1, Nr. 3

Adolf (Ephraim) Fischhof (1816-1893)

Arzt, Politiker, Schriftsteller; setzte sich für die Pressefreiheit und die Abschaffung der Todesstrafe ein. Seine Rede im Hof des Landhauses in der Herrengasse am 13. März 1848 gilt als Auslöser der Märzrevolution.

Gruppe 5 B, Reihe 35, Nr. 58

Ludwig August Frankl Ritter von Hochwart (1810-1894)

Arzt und Schriftsteller; gab zahlreiche Zeitschriften heraus, u. a. „Literatur und Kunst", zu deren Autoren u. a. Friedrich Hebbel, Nikolaus Lenau und Eduard von Bauernfeld zählten. Sein revolutionäres Gedicht *Die Universität* von 1848 gilt als erstes zensurfreies Flugblatt Österreichs. Sein Einsatz für die Blinden (1872 Gründung des Jüdischen Blindeninstituts) brachte die Erhebung in den Adelsstand.

Gruppe 6, Reihe 0, Nr. 3

Friedrich Torberg (eigtl. F. Kantor-Berg; 1908-1979)

Schriftsteller; Herausgeber der Zeitschrift „Forum" und gefürchteter Kritiker; in der Emigration 1938-1951 u. a. Autor für Warner Bros. T.s erster Roman *Der Schüler Gerber hat absolviert* (1930) begründete seinen Erfolg. Seine *Tante Jolesch* (1975) und ihre Äußerungen gingen in den Wiener Sprachschatz ein.

Gruppe 6, Reihe 0, Nr. 4

Arthur Schnitzler (1862-1931)

Schriftsteller, s. S. 32.

Gruppe 6, Reihe 0, Nr. 5

Oskar Strnad (1879-1935)

Architekt und Bühnenbildner; studierte bei H. v. Ferstel und F. Fellner; errichtete zahlreiche kommunale Wohnhausanlagen und Villen; nach 1918 in Zusammenarbeit mit M. Reinhardt Bühnenbildner und Filmausstatter.

Gruppe 6, Reihe 0, Nr. 8

Isak Noa Mannheimer (1793-1865)

Rabbiner; wurde 23jährig zum Katecheten der emanzipierten Kopenhagener Gemeinde bestellt; Tätigkeit in Berlin, Hamburg und Leipzig und ab 1825 in Wien. M. spielte in der Liturgiereform eine bedeutende Rolle: Auf sein Betreiben hin blieb Hebräisch die Liturgiesprache, die Predigten jedoch hielt er in Deutsch, wodurch er sich auch außerhalb des orthodoxen Judentums einen großen Wirkungskreis erschließen konnte. Vom Währinger Ortsfriedhof überführt.

Gruppe 6, Reihe 1, Nr. 1

Ignaz Kuranda (1811-1884)

Politiker, Schriftsteller und Journalist; bekannt mit Lenau und Grillparzer; Gründer des „Internationalen Büros der Liberalen" in Paris und der Wochenzeitung „Die Grenzboten" (1841), die aufgrund der in Deutschland und Österreich herrschenden Zensur zum Medium der österreichischen Patrioten wurde.

Gruppe 6, Reihe 1, Nr. 3

Josef Ritter von Wertheimer (1800-1887)

Schriftsteller, Politiker und Pädagoge; Vorkämpfer für die Emanzipation der Juden in Österreich, Mitbegründer und Herausgeber des „Jahrbuches für Israeliten" (1855-1865), Mitbegründer der „Allgemeinen Rettungsgesellschaft".

Gruppe 6, Reihe 29, Nr. 44

Oskar Friedmann (1872-1929)

Journalist; Gründer des Wiener Verlags. F. verfasste Lustspiele und zahlreiche Operettenlibretti.

Gruppe 6, Reihe 29, Nr. 49-51

Albert Salomon Anselm Freiherr von Rothschild (1844-1911)

Bankier; Chef des Bankhauses S. M. v. Rothschild, Großaktionär der Nordbahn und Besitzer der Witkowitzer-Werke.

Louis Baron de Rothschild (1882-1955)

Bankier; Sohn Albert R.s, beteiligt an der Überwindung der „Bodencredit-Krise" (1929). 1938 von der SS verhaftet und erst nach Bezahlung eines „Lösegeldes" von 21 Millionen Dollar und dem Verzicht auf das gesamte Vermögen der Familie R. freigelassen. R. starb bei einem Badeunfall in Jamaika und wurde auf eigenen Wunsch in der Wiener Familiengruft beigesetzt. Mit ihm endete die Geschichte der österreichischen Linie der R.s.

Ebenfalls in der Familiengruft bestattet wurde **Oskar Freiherr von Rothschild** (1888-1909), der sich 21jährig das Leben nahm, da sein Vater eine Liebschaft nicht billigte.

Gruppe 7, Reihe 29, Nr. 13

Alfred Landau (eigtl. Abraham Isaak; 1850-1935)

Philologe und Volkskundler; erarbeitete die Grundlagen der modernen jiddischen Philologie. Sein Lebenswerk „Etymologisches Wörterbuch und Grammatik der jiddischen Sprache" ging verloren.

Gruppe 8, Reihe 60, Nr. 105

Gustav Pick (1832-1921)

Komponist und Textdichter; der musikalische Autodidakt schrieb u. a. das berühmte *Fiakerlied.* Befreundet mit J. Nestroy.

Gruppe 20, Reihe 1, Nr. 1

Moritz Benedikt (1849-1920)

Journalist; ab 1881 Herausgeber der „Neuen Freien Presse"; bekämpfte gemeinsam mit seinem Mitherausgeber E. Bacher den Zionismus Th. Herzls, u. a., indem sie ihn aus der Berichterstattung verbannten.

Gruppe 20, Reihe 1, Nr. 21

Wilhelm Stiassny (1842-1910)

Architekt; von ihm stammen u. a. die Zeremonienhalle bei Tor I des Zentralfriedhofes und zahlreiche Grabmäler in unmittelbarer Nachbarschaft; ferner das Rothschild-Spital und das Blindeninstitut Hohe Warte.

Gruppe 50, Reihe 1, Nr. 44

Kurt Sonnenfeld (1893-1938)

Schriftsteller und Journalist; als prominenter Feuilletonist für zahlreiche in- und ausländische Zeitungen tätig; Kritiker in der „Neuen Freien Presse" unter Felix Salten. S. verübte drei Tage nach dem „Anschluss" gemeinsam mit seiner Familie Selbstmord.

Gruppe 50, Reihe 1, Nr. 101

Eduard Bacher (1846-1908)

Journalist; 1879-1908 Chefredakteur und Herausgeber der „Neuen Freien Presse", literarischer Berater von Kronprinz Rudolf.

Gruppe 50, Reihe 4, Nr. 53

Jacob Freud (1815-1896) und **Amalia Freud** (1835-1930)

Eltern Sigmund Freuds.

Gruppe 50, Reihe 5, Nr. 3

David Schwarz (1850-1897)

Erfinder; konstruierte 1892/94 das erste starre Gas-Luftschiff aus Aluminium und bot es dem österreichischen Kriegsministerium an, das die Erfindung jedoch ablehnte. Nachdem S. vor dem (missglückten) Jungfernflug seines Ganzmetall-Lenkluftschiffs verstorben war, verkaufte seine Witwe alle Patente, Entwürfe und Pläne an Ferdinand Graf von Zeppelin, der mit seinem Luftschiff in die Geschichte der Aviatik einging.

Gruppe 52 A, Reihe 1, Nr. 13

Karl Goldmark (1830-1915)

Komponist; seine Oper *Die Königin von Saba* (1875) wurde zum Welterfolg.

Gruppe 52 A, Reihe 1, Nr. 20

Josef Popper (Pseud. Popper-Lynkeus; 1838-1921)

Philosoph und Ingenieur; stellte bereits vor Max Planck Überlegungen zur Quanten-Energie an und erarbeitete ab 1889 die Grundlagen für Freuds *Traumdeutung* (1900). Befürworter eines jüdischen Staates. Freund Albert Einsteins.

Gruppe 52 A, Reihe 1, Nr. 22

Julius Ofner (1845-1924)

Jurist; setzte sich als Mitglied der Nationalversammlung vehement für die Verabschiedung von Gesetzen gegen Kinderarbeit und Diskriminierung von Frauen ein. Nach ihm benannt wurde die „Lex Ofner", die die Schadensgrenze bei Eigentumsdelikten herabsetzt (Schriften: *Das Recht zu leben,* 1884; *Das Recht auf Arbeit,* 1885).

Gruppe 76 B, Reihe 23, Nr. 27

Viktor Emil Frankl (1905-1997)

Psychiater und Neurologe; Begründer der Existenzanalyse und der auf ihr basierenden Logotherapie; 1942-1945 in mehreren Konzentrationslagern; 1946-1970 Vorstand der Neurolog. Abteilung der Allgemeinen Poliklinik in Wien, ab 1955 Professor für Neurologie und Psychiatrie an der Universität Wien, seit 1970 Professor an der Universität San Diego.

FRIEDHOF ST. MARX

III., Leberstraße 6-8
Straßenbahnlinien 18, 71, Buslinie 74A
Tel.: +43-1-513 21 07 (Magistratsabteilung 42/Stadtgartenamt), +43-1-4000-84794 (Magistratsabteilung 7/Kultur)
Öffnungszeiten: Ganzjährig 8 Uhr bis Einbruch der Dunkelheit.

Da der St. Marxer Friedhof nicht in Gruppen etc. eingeteilt ist, werden die hier bestatteten Personen in alphabetischer Reihenfolge aufgeführt. Ein Übersichtsplan beim Eingang hilft bei der Orientierung.

Johann Georg Albrechtsberger (1736-1809)

Komponist, Organist und Orgelbauer. A., Freund Mozarts und Haydns, war für ein Jahr (1794) Lehrer L. v. Beethovens in Kontrapunktik und Musiktheorie.

Hoforganist, Domkapellmeister zu St. Stephan

Christoph de Bach (1768-1834)

K. k. priv. Kunst- und Schulbereiter; gründete den ersten Zirkus im Prater (Circus Gymnasticus, 1808 von Josef Kornhäusel erbaut).

Basilio Calafati (1800-1878)

Karussell-Besitzer; gründete 1840 das berühmte Eisenbahn-Karussell „Zum großen Chineser" im Prater. Nach ihm benannt wurde der „Calafati-Schilling".

Moritz Michael Daffinger (1790-1849)

Maler; auf den Zentralfriedhof überführt (s. S. 74).

Anton Diabelli (1781-1858)

Komponist und Musikverleger; seine zwei- und vierhändigen Klavierwerke werden noch heute zu Unterrichtszwecken eingesetzt. Bedeutung erlangte D. durch die Veröffentlichung der Werke Schuberts.

Georg Raphael Donner (1693-1741)

Bildhauer; Schöpfer des Donner-Brunnens auf dem Neuen Markt. D. wurde ursprünglich auf dem Nikolai-Friedhof vor der Rochuskirche beerdigt und später nach St. Marx überführt. Sein jetziges Grab ist verschollen.

Peter Fendi (1796-1842)

Maler; auf den Zentralfriedhof überführt (s. S. 74).

Anna Gottlieb (1774-1856)

Schauspielerin und Sängerin; debütierte mit zwölf Jahren als Barbarina in Mozarts Figaro.

Josef Georg Kornhäusel (1782-1860)

Architekt; auf den Zentralfriedhof überführt (s. S. 74).

Therese Krones (1801-1830)

Schauspielerin und Soubrette; 1930 auf den Zentralfriedhof überführt (s. S. 78).

Josef Madersperger (1768-1850)

Erfinder; seine 1814 konstruierte Nähmaschine fand keine Anerkennung. M. starb im Armenhaus.

Louis Montoyer (1749-1811)

Architekt; Erbauer der Albertina, des Palais Rasumofsky und des Zeremoniensaals der Hofburg.

Wolfgang Amadeus Mozart (1756-1791)

Komponist; s. S. 28. Die ursprüngliche Grabstätte (Schachtgrab) ist nicht mehr rekonstruierbar.

Alois Negrelli Ritter von Moldelbe (1799-1858)

Techniker; auf den Zentralfriedhof überführt (s. S. 76).

Franz Xaver Niemetschek (1766-1849)

Pädagoge; erster Biograph seines Freundes W. A. Mozart und Erzieher seiner beiden Söhne.

Peter von Nobile (1774-1854)

Architekt; auf den Zentralfriedhof überführt (s. S. 74).

Ida Pfeiffer (1797-1858)

Weltreisende; begann mit 45 Jahren ein ausgedehntes Reiseleben, das sie durch die ganze Welt führte und das sie durch Aufzeichnungen *(Reise einer Wienerin in das Heilige Land,* 1833; *Eine Frauenfahrt um die Welt,* 1850) und Sammlungen dokumentierte.

Josef Strauß (1827-1870)

Komponist; auf den Zentralfriedhof überführt (s. S. 78).

Michael Thonet (1796-1871)

Industrieller; der gebürtige Rheinländer entwickelte 1830 eine Methode, Holz zu biegen (Bugholzmöbel), aus der u. a. der von A. Loos entworfene „Wiener Sessel" hervorging.

Katharina Waldmüller (1792-1850)

Sängerin; erste Gattin des Malers Ferdinand Georg Waldmüller, von dem sie zweimal geschieden wurde.

Fürst Alexander Ypsilanti (1792-1828)

Griechischer Freiheitskämpfer, der nach Österreich fliehen musste und hier gefangen gehalten wurde. Leichnam 1903 nach Griechenland überführt.

EVANGELISCHER FRIEDHOF MATZLEINSDORF

X., Triester Straße 1
Straßenbahnlinien 6, 18, 62, 65, Buslinie 14A, Schnellbahn (Matzleinsdorfer Platz)
Tel.: +43-1-604 33 42

Gruppe 1, Nr. 168

Moritz Gottlieb Saphir (1795-1858)

Schriftsteller und Journalist; zum Protestantismus konvertierter jüdischer Satiriker, Herausgeber des „Humoristen" (1833-1858). Gefürchtetster Kritiker des Vormärz.

Gruppe 14, Nr. 126

Otto Weininger (1880-1903)

Schriftsteller und Philosoph; s. S. 38.

Gruft 38

Friedrich Hebbel (1813-1863)

Dramatiker; auf den Zentralfriedhof überführt (s. S. 77)

Gruft 165

Adele Sandrock (1864-1937)

Schauspielerin; Charakterdarstellerin am Burgtheater und am Deutschen Theater in Berlin. Wirkte in 77 Stummfilmen und 83 Tonfilmen mit. Liiert mit Arthur Schnitzler und Alexander Roda Roda.

Gruft 168

Heinrich Laube (1806-1884)

Schriftsteller; vorübergehend Wortführer des Jungen Deutschland *(Das neue Jahrhundert,* 1833), 1849-1867 Direktor des Wiener Burgtheaters. Autor von historisch-politischen Skizzen, Dramen und historischen Romanen.

NEUER ISRAELITISCHER FRIEDHOF

XI., Simmeringer Hauptstraße 244
Straßenbahnlinie 71, Bus 71A, Tor 5
Tel.: +43-1-531 04-0 (Israelitische Kultusgemeinde)

Gruppe 1, Reihe 1, Nr. 61

Emanuel List (1891-1967)

Opernsänger; Mitglied zahlreicher Ensembles, u. a. an der Metropolitan Opera in New York; 1933 Emigration in die USA. L. lehnte 1938 ein Engagement bei den Salzburger Festspielen ab und kehrte erst 1952 wieder nach Wien zurück.

Gruppe 1, Reihe 2, Nr. 17

Max Berger (1924-1988)

Kaufmann und Sammler; legte die größte private Judaica-Sammlung Europas an, die er 1987 der Stadt Wien vermachte. Sie bildet bis heute eine der Grundlagen des Jüdischen Museums.

Gruppe 2, Reihe 4, Nr. 16

Max Graf (1873-1958)

Musikwissenschaftler; Schüler Anton Bruckners; 1938-1947 in Emigration in den USA, wo er an der New School of Social Research unterrichtete. 1947 Rückkehr nach Wien; Lehrtätigkeit an der Akademie für Musik und darstellende Kunst.

Gruppe 3, Reihe 4, Nr. 2

Julius Epstein (1832-1926)

Musikpädagoge; unterrichtete u. a. Gustav Mahler und edierte Werke von Schubert und Brahms.

Gruppe 3, Reihe 22, Nr. 33

Armin Berg (eigtl. Hermann Weinberger; 1883-1956)

Schauspieler und Kabarettist; begann seine Karriere als Coupletsänger am „Budapester Orpheum" in der Taborstraße und trat in den zwanziger Jahren im „Simpl" und im „Ronacher" auf, bevor er 1938 in die USA emigrierte. B. kehrte 1949 nach Wien zurück.

Gruppe 9 A, Reihe 1, Nr. 13

Julius Bauer (1853-1941)

Schriftsteller und Journalist; Redakteur beim „Kladderadatsch" und dem „Wiener Extrablatt"; Verfasser von Libretti, u. a. für Lehár und J. Strauß Sohn. Befreundet mit J. Brahms.

Gruppe 16 A, Reihe 13, Nr. 5

Stella Kadmon (1904-1989)

Schauspielerin und Kabarettistin; die Reinhardt-Schülerin wirkte als Kabarettistin in München, Berlin und Wien. Mitbegründerin des Kabaretts „Der liebe Augustin". 1938 Flucht nach Palästina, 1947 Rückkehr nach Wien. Gründete 1948 das Theater der Courage.

EVANGELISCHER FRIEDHOF SIMMERING

XI., Simmeringer Hauptstraße 242
Straßenbahnlinie 71 (Endstation), Tor 4
Tel.: +43-1-586 02 2500 (Evangelische Pfarrgemeinde)

Gruppe 3

Tina Blau-Lang (1845-1916)

Malerin; bedeutendste Vertreterin des von Rudolf von Alt geprägten „Stimmungsimpressionismus".

Gruppe 9

Egon Friedell (eigtl. E. Friedmann; 1878-1938)

Schriftsteller und Schauspieler; Verfasser des Standardwerks *Kulturgeschichte der Neuzeit* (1927-1931) und zahlreicher Essays und Aphorismen. Das jüdische Multitalent entzog sich seiner Verhaftung durch die SA durch den Sprung aus dem Fenster.

FRIEDHOF MEIDLING

XII., Haidackergasse 6
U6 Meidling, Buslinie 10A
Tel.: +43-1-813 34 86

Abt. A, Gruppe 12, Nr. 91

Sophie Freifrau von Löwenthal (1810-1889)

Schriftstellerin; verfasste Lyrik, Prosa und die im 19. Jahrhundert überaus beliebten Reiseberichte. Von Nikolaus Lenau schwärmerisch verehrt.

Abt. E, Reihe 7, Nr. 113

Emanuel Herrmann (1839-1902)

Ökonom; Erfinder der vorfrankierten Postkarte („Correspondenz-Karte").

Abt. 3, Gruppe 6, Nr. 23

Carl Lorens (1851-1909)

Volkssänger und Komponist; schrieb über 2000 Wienerlieder, darunter den Klassiker *Jetzt trink ma no a Flascherl Wein.*

FRIEDHOF LAINZ

XIII., Würzburggasse 28
Buslinie 8A, 58B (ORF-Zentrum)
Tel.: +43-1-813 34 86

Gruppe 2, Nr. 7

Sir Karl Raimund Popper (1902-1994)

Philosoph; Begründer des Kritischen Rationalismus; Wissenschaftstheoretiker und Kritiker des Totalitarismus *(Die offene Gesellschaft und ihre Feinde,* 1945; *Objektive Erkenntnis,* 1972, u. a.). Ging 1937 in die Emigration.

Gruppe 3, Nr. 162

Karl Ehn (1884-1959)

Architekt; Schüler Otto Wagners, erbaute u. a. den Karl-Marx-Hof in Wien-Heiligenstadt.

Gruppe 3, Nr. 170

Oskar Laske (1874-1951)

Architekt, Maler und Graphiker; der Schüler Otto Wagners begann als Architekt, wandte sich dann aber der Malerei zu (Bühnenbilder, Illustrationen, Tierbilder).

FRIEDHOF OBER-ST. VEIT

XIII., Gemeindeberggasse 26
Buslinie 54B, 55B (Stock im Weg)
Tel.: +43-1-879 76 95

Gruppe B, Reihe 10, Nr. 15

Egon Schiele (1890-1918)

Maler und Graphiker; s. S. 31. Mit ihm ist seine Frau **Edith** (1893–1918) bestattet.

Gruppe C, Reihe 7, Nr. 7

Rudolf Freiherr von Slatin („Slatin Pascha"; 1857-1932)

Forschungsreisender und Schriftsteller; 1887 im Dienste Großbritanniens Gouverneur von Darfur (Sudan), 1900-1914 Generalinspekteur des Anglo-Ägypt. Sudan. Mitglied der österr. Friedensdelegation in St.-Germain.

FRIEDHOF HIETZING

XIII., Maxingstraße 15
Buslinien 8A, 56B, 58B, 156B (Montecuccoliplatz)
Tel.: +43-1-877 31 07

Gruppe 3, Nr. 5

Johann Malfatti Edler von Montereggio (1775-1859)

Arzt; behandelte u. a. Ludwig van Beethoven. Gründer der „Gesellschaft der praktischen Ärzte" (1802).

Gruppe 3, Nr. 6

Jean B. Cléry (1762-1809)

Diener; letzter Kammerdiener des 1793 enthaupteten Königs Ludwig XVI., des Gatten Marie Antoinettes.

Gruppe 5, Nr. 194

Gustav Klimt (1862-1918)

Maler und Graphiker; s. S. 22

Gruppe 6, Nr. 12 A

Fanny Elßler (1810-1884)

Tänzerin; gefeiertste Ballerina ihrer Zeit. Begründete den internationalen Ruf des Wiener Balletts. Vom Hundsthurmer Friedhof überführt.

Gruppe 7, Nr. 53

Katharina Fröhlich (1800-1879)

Seit 1821 die „ewige Braut" Franz Grillparzers, nach seinem Tod (1872) seine Nachlassverwalterin.

Gruppe 12, Nr. 71

Victor Léon (eigtl. Victor Hirschfeld; 1860-1940)

Schriftsteller und Librettist; schrieb u. a. die Libretti zu *Wiener Blut, Land des Lächelns* und *Die lustige Witwe.*

Gruppe 13, Nr. 107

Franz Grillparzer (1791-1872)

Dichter und Dramatiker; s. S. 17. Vom Währinger Ortsfriedhof überführt.

Gruppe 13, Nr. 131

Otto Wagner (1841-1918)

Architekt; s. S. 37

Gruppe 16, Nr. 14 C

Kolo Moser (eigtl. Koloman M.; 1868-1918)

Maler und Graphiker; Mitbegründer der Wiener Secession und der Wiener Werkstätte, der berühmten „Produktivgemeinschaft von Kunsthandwerkern". Wichtiger Vertreter des Jugendstils.

Gruppe 16, Nr. 35

Heinz Conrads (1913-1986)

Schauspieler und Kabarettist; 1945-1948 und 1950-1955 Conférencier im „Simpl"; wurde mit seiner Sendung „Guten Abend am Samstag" zu einer der ersten österreichischen Fernsehlegenden.

Gruppe 19, Nr. 26 D

Carl Freiherr Auer von Welsbach (1858-1929)

Chemiker; Erfinder des Gasglühlichts und der elektrischen Metallfaden-Glühbirne.

Gruppe 19, Nr. 108

Katharina Schratt (1853-1940)

Schauspielerin; von 1873 bis 1880 am Wiener Stadttheater, Gastspiele in Europa und Amerika, von 1883 bis 1900 am Wiener Burgtheater. Seit Ende der achtziger Jahre von Kaiserin Elisabeth als Vorleserin engagiert, wurde sie zur Vertrauten und Gefährtin Kaiser Franz Josephs.

Gruppe 27, Nr. 11

Engelbert Dollfuß (1892-1934)

Politiker; Bundeskanzler des autoritären Ständestaates (1932-1934). Während eines nationalsozialistischen Putschversuchs im Bundeskanzleramt erschossen.

Gruppe 30, Nr. 23

Alexander Lernet-Holenia (1897-1976)

Schriftsteller; Offizier und Altösterreicher kosmopolitischer Prägung; schrieb Gedichte, Romane *(Mars im Widder, Die Standarte)* und Essays. Österreichischer Staatspreis 1961.

Gruppe 49, Nr. 24 F

Alban Berg (1885-1935)

Komponist; s. S. 12

Gruppe 60, Reihe 7, Nr. 18

Gottfried von Einem (1918-1996)

Komponist; einer der namhaftesten zeitgenössischen Komponisten Österreichs, Vertreter einer gemäßigten Moderne. Opern *(Dantons Tod,* 1947; *Der Prozess,* 1953), Chor- und Orchesterwerke. Von 1963-1967 Professor für Komposition an der Hochschule für Musik und darstellende Kunst.

Gruppe 63, Reihe 3, Nr. 7

Gerhard Hanappi (1929-1980)

Fußballspieler und Architekt; 93facher österreichischer Nationalspieler; erbaute das nach seinem Tod Hanappi-Stadion genannte West-Stadion (Wien XIV.)

FRIEDHOF HERNALS

XVII., Leopold Kunschak-Platz 7
Straßenbahnlinie 43, Buslinie 42B, Vorortelinie (Hernals)
Tel.: +43-1-486 33 62

Gruppe K, Nr. 130

Josef Bratfisch („Nockerl"; 1847-1892)

Leibfiaker Kronprinz Rudolfs.

Gruppe K, Nr. 205

Johann Schrammel (1850-1893)

Komponist und Musiker; begründete 1877 mit seinem Schrammel-Trio (Josef Schrammel, Geige, Anton Strohmayer, Kontragitarre) die bis heute überaus beliebte „Schrammelmusik". 1878 schloß sich ihnen der Klarinettist Georg Dänzer an und machte das Trio zum Quartett (später durch ein Akkordeon ersetzt).

Josef Schrammel, der jüngere Bruder, liegt ebenfalls auf dem Hernalser Friedhof begraben (Gruppe 1, Nr. 31).

FRIEDHOF DORNBACH

XVII., Alszeile 28
Straßenbahnlinie 43 (Güpferlingstr.), Buslinie 44B, Vorortelinie (Hernals)
Tel.: +43-1-485 78 04

Gruppe 12, Nr. 10

Josef Matthias Hauer (1883-1959)

Komponist und Musiktheoretiker; heute weitgehend vergessener Begründer einer von Schönberg unabhängigen Zwölftontechnik *(Zwölftontechnik,* 1925); *Salambô* (Oper), Messen, Chöre, Lieder.

Gruppe 12, Nr. 38

Domenico Artaria (1775-1842)

Musikverleger; machte aus der Kupferstichhandlung Artaria den gleichnamigen Verlag, der sich auf die Herausgabe von kartographischen Werken und Musikalien spezialisierte. Herausgeber der Werke Beethovens, Mozarts, Haydns u. a.

Gruppe 30, Nr. 45

Anton Strohmayer (1848-1937)

Musiker; Kontragitarrist im berühmten Schrammel-Trio, dessen Gründer Johann Schrammel gegenüber auf dem Friedhof Hernals begraben liegt.

FRIEDHOF NEUSTIFT AM WALDE

XVIII., Pötzleinsdorfer Höhe 2
Straßenbahnlinie 41, dann Buslinie 41A
Tel.: +43-1-440 14 44

Gruppe A, Reihe 1, Nr. 6

Auguste Fickert (1855-1910)

Sozialreformerin; Ikone der österreichischen Frauenrechtsbewegung, Gründerin des „Allgemeinen österreichischen Frauenvereins" (1893).

Gruppe F, Reihe 13, Nr. 7

Sergej Pankejeff (1886-1979)

Sohn eines russischen Großgrundbesitzers, Patient Sigmund Freuds, ging als „Wolfsmann" in die Geschichte der Psychoanalyse ein (*Aus der Geschichte einer infantilen Neurose,* 1918).

Gruppe L, Reihe 10, Nr. 24

Willi Forst (eigtl. Wilhelm Anton Frohs; 1903-1980)

Schauspieler und Regisseur; *Maskerade,* 1934; *Bel ami,* 1939, *Burgtheater,* 1936; *Wiener Blut,* 1942. Entdeckte u. a. Paula Wessely und Curd Jürgens für den Film.

Gruppe R, Reihe 2, Nr. 18

Hans Lang (1908-1992)

Komponist; schrieb Film- und Theatermusiken, die sich bis heute großer Beliebtheit erfreuen *(Hofrat Geiger, Der alte Sünder).*

Gruppe 1, Reihe 17, Nr. 11

Friedrich August Hayek (1899-1992)

Ökonom und Sozialphilosoph; Begründer des modernen Liberalismus, Gründer des Instituts für Wirtschaftsforschung (1927). Emigrierte 1931 nach London. Bis 1950 Professor für Nationalökonomie an der London School of Economics, 1950-1962 University of Chicago, 1962-1968 Universität Freiburg. Nobelpreis für Wirtschaftswissenschaften 1974.

Gruppe 16, Reihe 4, Nr. 30

Josef Alois Krips (1902-1974)

Dirigent; berühmt als Mozart-Interpret; 1939-1945 von den Nationalsozialisten mit Berufsverbot belegt, 1950-1954 Chefdirigent des London Symphony Orchestra, 1970-1973 Chefdirigent der Wiener Symphoniker. K. starb in Genf.

Gruppe 22, Reihe 6, Nr. 1

Boy Christian Gobert (1925-1986)

Schauspieler und Regisseur; der gebürtige Hamburger war vor allem für seine Rollen als Dandy berühmt; 1960-1969 im Ensemble des Burgtheaters, 1969-1980 Intendant des Hamburger Thaliatheaters.

FRIEDHOF HEILIGENSTADT

XIX., Wildgrubgasse 20
Straßenbahnlinie D, dann zu Fuß
Tel.: +43-1-328 38 43

Abt. A, Gruppe M, Nr. 4

Ödön von Horváth (1901-1938)

Schriftsteller; s. S. 20

FRIEDHOF DÖBLING

XIX., Hartäckerstraße 65
Buslinie 40A
Tel.: +43-1-479 51 94

Gruppe 1, Reihe G1, Nr. 22

Friedrich Goldscheider (1845-1897)

Industrieller; gründete 1885 eine bis 1953 bestehende Porzellanmanufaktur, deren Erzeugnisse bis heute begehrt sind („Goldscheider-Keramiken“).

Gruppe 2, Reihe 2, Nr. 13

Wilhelm Miklas (1872-1956)

Politiker; Bundespräsident 1928-1938, lehnte 1938 die Unterzeichnung des „Anschluss“-Gesetzes ab und trat am 13. März 1938 zurück.

Gruppe 11, Nr. 5

Franz von Matsch (1861-1942)

Maler und Bildhauer; schuf u. a. die „Anker-Uhr“ am Hohen Markt und gemeinsam mit seinen Studienkollegen Gustav und Ernst Klimt die Fresken im Burgtheater und in der Wiener Universität. Anlässlich dieser Zusammenarbeit kam es zum Bruch mit G. Klimt. M. entwarf auch die Kostüme und die Frisuren für die Burgschauspielerin Charlotte Wolter.

Gruppe 18, Nr. 15

Josef Kainz (1858-1910)

Schauspieler; berühmtester Charakterdarsteller seiner Zeit, begründete die „psychologische“ Schauspielkunst. Erste Engagements in Marburg, Leipzig und am Hoftheater in Meiningen. Großer Erfolg am Deutschen Theater in Berlin. Seit 1899 k. u. k. Hofschauspieler in Wien.

Paraderollen: Hamlet, Richard II., Franz Moor. Die J.-K.-Medaille wird seit 1958 von der Stadt Wien an hervorragende Schauspieler verliehen.

Gruppe 20, Reihe 3, Nr. 3

Josef Breuer (1842-1925)

Arzt; erarbeitete 1895 gemeinsam mit seinem Freund und Kollegen Sigmund Freud die Studien über Hysterie, die die sexuelle Wurzel hysterischen Verhaltens aufdeckten. Breuer entwickelte die „kathartische Methode“ zur Behandlung neurotischer und hysterischer Störungen und entdeckte die Selbststeuerung der Atmung durch den Nervus vagus.

Gruppe 26, Nr. 33

Ferdinand von Saar (1833-1906)

Schriftsteller; zählt zu den Exponenten des österreichischen Realismus in der Literatur; schrieb Lyrik *(Wiener Elegien,* 1893), Prosa *(Novellen aus Österreich,* 1877) und Dramen. In seinem Schaffen u. a. unterstützt von Franziska von Wertheimstein. Der schwermütige Dichter beging Selbstmord.

Gruppe 30, Reihe 7, Nr. 10

Anton Hlavaček (1842-1926)

Maler; Gründer des Österreichischen Kunstbundes (1906). Sein großformatigen Bilder schmücken u. a. das Rathaus.

Gruppe 40, Nr. 70

Friedrich Jodl (1849-1914)

Philosoph, Volksbildner; Vertreter eines antimetaphysischen Monismus. Als Begründer der Bewegung „Ethische Kultur“ forderte J. u. a. einen areligiösen Moralunterricht. Ab 1896 Professor an der Universität Wien.

Gruppe 42, Reihe 9, Nr. 8

Ferdinand Schmutzer (1870-1928)

Maler und Graphiker; der Spross einer Künstlerfamilie porträtierte u. a. Josef Kainz, Richard Strauss, Albert Einstein, Sigmund Freud und Arthur Schnitzler.

Gruppe I1, Reihe 2, Nr. 11

Emil Zuckerkandl (1849-1910)

Arzt; Schüler Josef Hyrtls, stellte als Anatom und Morphologe wegweisende Untersuchungen über die Anatomie des Ohres und des Mund- und Rachenraumes an. Entdecker der nach ihm benannten Z.schen Körperchen. Ehemann der Journalistin und Schriftstellerin Berta Zuckerkandl, in deren Salon das geistige Wien ihrer Zeit verkehrte.

Gruppe I1, Reihe G 2, Nr. 30

Theodor Herzl (1860-1904)

Schriftsteller und Journalist; s. S. 18. 1949 auf den „Mount Herzl“ in Jerusalem überführt.

Gruppe I1, Reihe G 2, Nr. 44

Adolf von Sonnenthal (1834-1909)

Schauspieler; Publikumsliebling des Burgtheaters (1856-1909), Vorbild des eleganten Herrn seiner Zeit, zählt gemeinsam mit dem in Gruppe 18 begrabenen Josef Kainz zu den bedeutendsten deutschsprachigen Schauspielern des 19. Jahrhunderts.

Gruppe I2, Reihe 3, Nr. 5 (Familiengrab)

Franziska von Wertheimstein (1844-1907)

Salondame; Tochter des Bankiers Leopold W., führte in der Familienvilla in Wien-Döbling einen Salon, dem u. a. Ferdinand von Saar und Eduard von Bauernfeld angehörten. Die Villa beherbergt heute das Döblinger Bezirksmuseum.

Gruppe MO, Nr. 80,

Heinrich Reinhard (1865-1922)

Komponist; Schüler Anton Bruckners leitete mit *Das süße Mädel* (1901) die silberne Ära der Wiener Operette ein. Schrieb neben Operetten auch Opern und Instrumentalmusik.

FRIEDHOF GRINZING

XIX., An den langen Lüssen 33
Straßenbahnlinie 38, Buslinie 37A, 38A
Tel.: +43-1-320 31 92

Gruppe 6, Reihe 3, Nr. 3

Attila Hörbiger (1896-1987)

Schauspieler; zählt zu den berühmtesten Charakterdarstellern der österreichischen Bühne. 1928-1950 Theater in der Josefstadt, 1947-1950 „Jedermann" bei den Salzburger Festspielen, 1950-1975 Burgtheater (Ehrenmitglied 1971). Bruder Paul Hörbigers. Bei ihm wurde im Mai 2000 seine Gattin, die Schauspielerin **Paula Wessely** (1907-2000), beigesetzt (s. S. 39).

Gruppe 6, Reihe 5, Nr. 2

Leopold Kupelwieser (1796-1862)

Maler; von der Nazarenerschule beeinflusste Bilder mit meist religiösen und historischen Inhalten. Als Freund Schuberts schuf er das berühmte Aquarell *Landpartie der Schubertianer nach Atzenbrugg* (1820).

Gruppe 6, Reihe 6, Nr. 7

Alma Mahler-Werfel (1879-1964)

Schriftstellerin und Komponistin; s. S. 26.

Gruppe 6, Reihe 7, Nr. 1

Gustav Mahler (1860-1911)

Komponist; s. S. 25.

Gruppe 10, Reihe 2, Nr. 1

Heimito von Doderer (1896-1966)

Schriftsteller; s. S. 15.

Gruppe 18, Nr. 138

Otto Müller (1901-1956)

Verleger; veröffentlichte in seinem nach ihm benannten Verlag Autoren wie Georg Trakl, Josef Weinheber u. a. Der Verlag wurde nach der Zwangsliquidierung während des Dritten Reiches im Jahre 1946 neu gegründet.

Gruppe 20, Reihe 5, Nr. 6

Arnold Rosé (eigentl. Arnold Josef Rosenblum; 1863-1946),

Violinist; Gründer des berühmten Rosé-Quartetts, 1881-1931 Konzertmeister der Wiener Philharmoniker. Emigrierte 1938 nach England. Seine Tochter Alma Maria, die Nichte Alma Mahler-Werfels und erfolgreiche Geigerin, emigrierte 1938 nach Frankreich, wo sie verhaftet und nach Auschwitz, später nach Birkenau deportiert wurde, wo sie ein Mädchenorchester zusammenstellte, das jeden Sonntag Konzerte gab. Sie starb 1944 im KZ.

Gruppe 20, Reihe 5, Nr. 16

Alexander von Sacher-Masoch (1901-1972)

Schriftsteller; Großneffe von Leopold von S.-M.; von Beruf Chemiker, war S.-M. gemeinsam mit Franz Theodor Csokor, den er in der Emigration kennen gelernt hatte, maßgeblich an der Wiedererrichtung des österreichischen PEN-Klubs beteiligt. Seine Romane beschreiben die Welt der Donaumonarchie (*Die Parade*, 1946).

Gruppe 21, Reihe 6, Nr. 1

Thomas Bernhard (1931-1989)

Schriftsteller; s. S. 13.

Gruppe MR, Nr. 21

Ferdinand Fellner d. J. (1847-1916)

Architekt; Partner des auf dem Zentralfriedhof beigesetzten Hermann Helmer. Ergebnis ihrer überaus fruchtbaren Zusammenarbeit sind 48 Theaterbauten in ganz Europa (u. a. das Wiener Volkstheater).

Gruppe MA, Nr. 24 A

Raoul Aslan (1886-1958)

Schauspieler; der aus Saloniki stammende Sohn eines Großgrundbesitzers begeisterte von 1920-1958 das Burgtheaterpublikum mit seinen klassischen Heldenrollen (Hamlet, Mephisto, Marquis Posa, Nathan); 1945-1948 Direktor des Burgtheaters.

Gruppe MA, Nr. 46

Heinrich Freiherr von Ferstel (1828-1883)

Architekt; zählt zu den bedeutendsten Gestaltern der Wiener Ringstraße; von ihm stammen u. a. die im Stil der französischen Gotik erbaute Votivkirche (1856-1897) und das Museum für angewandte Kunst (1868-1871).

Gruppe MS, Nr. 62

August Sicard von Sicardsburg (1813-1868)

Architekt; baute in Arbeitsgemeinschaft mit seinem Studienkollegen Eduard van der Nüll u. a. die Wiener Staatsoper und Teile des Arsenals (Wien III.).

FRIEDHOF SIEVERING

XIX., Nottebohmstraße 51
Buslinie 39A
Tel.: +43-1-440 13 97

Abt. 1, Gruppe 2, Nr. 11

Richard Gerstl (1883-1908)

Maler; gehörte dem Kreis um A. Schönberg an, dessen Mitglieder er zum Teil porträtierte. Trotz einer sehr kurzen Schaffensperiode von nur vier Jahren wurde er zu einem Exponenten des österreichischen Expressionismus. G. beging Selbstmord.

Gruppe 28, Reihe 9, Nr. 9

Anton „Toni“ Karas (1906-1985)

Musiker; der 1948 für den Film entdeckte Zither spielende Heurigenmusiker erlangte durch das von ihm komponierte *Harry Lime Theme* und den *Café Mozart Walzer* aus dem *Dritten Mann* mit Orson Welles (1948) internationale Berühmtheit, an die er später nicht mehr anknüpfen konnte.

KAHLENBERGER FRIEDHOF (ST. JOSEFS-FRIEDHOF)

XIX., Kahlenbergerstraße
Buslinie 38A, dann zu Fuß

Charles Fürst von Ligne (1735-1814)

Diplomat und Feldmarschall; wegen seiner Vorliebe für diese Farbe bekannt als der „rosarote Prinz“, schöngeistiger Freund Voltaires und Rousseaus. Besitzer eines Landhauses am Kahlenberg. Galt als Maître de Plaisir des Wiener Kongresses („Der Kongress tanzt“).

Karoline Traunwieser (1794-1815)

Sängerin; galt zur Zeit des Wiener Kongresses als „schönstes Mädchen Wiens“. Sie starb 21jährig an Lungenschwindsucht. Von Joseph Freiherr von Hammer-Purgstall, dem Orientalisten und Gründer der Akademie der Wissenschaften, schwärmerisch verehrt (von ihm stammt die Grabinschrift: „... der schönsten Schöne, allbewundert, allgeschätzt, allgeliebt“).

FRIEDHOF KALKSBURG

XXIII., Zemlinskygasse 26
Buslinie 60A
Tel.: +43-1-889 82 19

Gruppe 1, Reihe 1, Nr. 49

Hugo von Hofmannsthal (1874-1929)

Schriftsteller; s. S. 19.

Register

BILDNACHWEIS

Wolfgang Ilgner: 48, 49, 60
Sigrid Riedl-Hoffmann: 42, 45, 55, 56, 59, 61, 62, 64, 66, 67
Frank Thinius: 41, 43, 44, 46, 47, 50, 51, 52,
53, 54, 57, 58, 63, 65, 68, 69

Band 1012

PERLEN-REIHE
Wien – München

A-1010 Wien, Hegelgasse 21

Umschlag und Layout: Kraxenberger KommunikationsHaus GmbH
Lektorat: Ilse Walter
Herstellung: Josef Embacher
Druck: Laber Druck, Oberndorf
Printed in Austria

ISBN 3-85223-452-2

ZENTRALFRIEDHOF

Die im 1. Teil (S. 10–39) vorkommenden Gruppen sind farblich hervorgehoben.

Gruppe 0
Peter Altenberg *(Seite 10)*
Adolf Loos *(Seite 24)*

Gruppe 5 A
Karl Kraus *(Seite 23)*

Gruppe 6
Gustav Mahler *(Seite 25)*

Gruppe 6, Isr. Abt.
Arthur Schnitzler *(Seite 32)*

Gruppe 32 A
Ludwig van Beethoven *(Seite 11)*
Johannes Brahms *(Seite 14)*
Wolfgang Amadeus Mozart *(Seite 28)*
Johann Nestroy *(Seite 29)*
Franz Schubert *(Seite 34)*
Johann Strauß Sohn *(Seite 36)*

Gruppe 32 C
Hans Moser *(Seite 27)*
Arnold Schönberg *(Seite 33)*

Gruppe 33 G
Ernst Jandl *(Seite 21)*
Helmut Qualtinger *(Seite 30)*
Margarete Schütte-Lihotzky *(Seite 35)*

Gruppe 40
Falco *(Seite 16)*

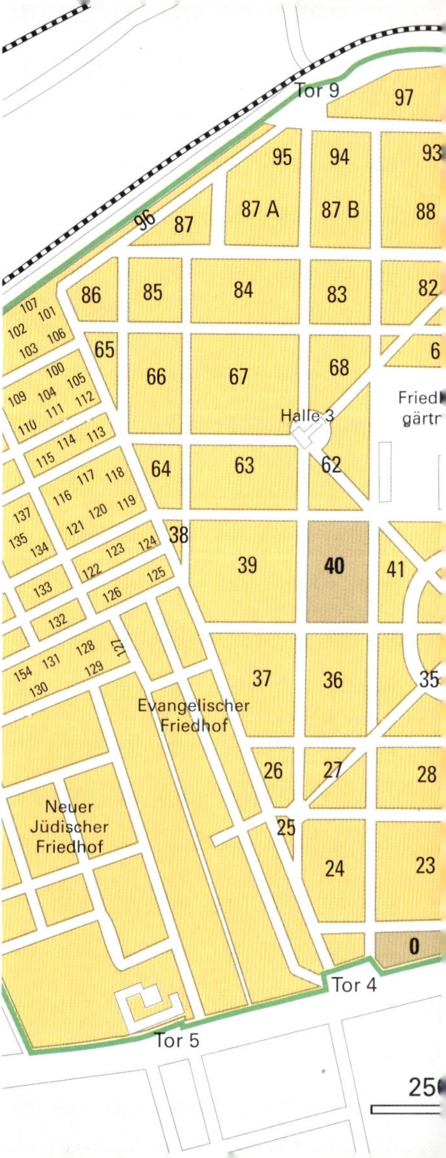